垂直专业化分工下的环境规制与技术创新

殷宝庆 著

图书在版编目(CIP)数据

垂直专业化分工下的环境规制与技术创新 / 殷宝庆著. — 杭州 : 浙江工商大学出版社, 2016.11

ISBN 978-7-5178-1661-4

Ⅰ. ①垂… Ⅱ. ①殷… Ⅲ. ①环境管理—影响—技术革新—经济模型—中国 Ⅳ. ①F124.3

中国版本图书馆 CIP 数据核字(2016)第 118590 号

垂直专业化分工下的环境规制与技术创新

殷宝庆 著

责任编辑	王黎明
封面设计	林朦朦
责任印制	包建辉
出版发行	浙江工商大学出版社 (杭州市教工路 198 号 邮政编码 310012) (E-mail:zjgsupress@163.com) (网址:http://www.zjgsupress.com) 电话:0571-88904980,88831806(传真)
排　　版	杭州朝曦图文设计有限公司
印　　刷	杭州恒力通印务有限公司
开　　本	710mm×1000mm 1/16
印　　张	13
字　　数	200 千
版 印 次	2016 年 11 月第 1 版 2016 年 11 月第 1 次印刷
书　　号	ISBN 978-7-5178-1661-4
定　　价	39.00 元

浙江工商大学出版社营销部邮购电话 0571-88904970

摘要

垂直专业化是经济全球化的一个重要特征，在最近的十余年中逐渐成为国际分工体系中的主角。在这种新型国际分工模式下，跨国公司基于全球价值链的考虑将专注于生产价值链的高附加值环节，并逐渐将生产制造等不具备竞争力的生产环节外包出去。这一过程也为发展中国家制造企业从承担一些新兴产业中、低端环节入手嵌入全球价值链提供了新的机会和条件。以中国为例，由于在资源禀赋以及技术能力等方面与发达国家存在较大的差距，我国企业在参与国际垂直专业化促进中间产品贸易发展的同时，其背后蕴藏的环境污染与技术升级等问题日益凸显。出于环境保护考虑，作为社会性规制范畴的环境规制政策的引入，到底能否激励我国企业的技术创新？如果答案是肯定的，则随着时间性收敛，我国能够实现经济发展与环境保护的"双赢"，反之，则这种以牺牲环境为代价的外贸与经济发展模式不可持续。

为了对这一问题进行探讨，本书在垂直专业化视角下构建了一个环境规制影响技术创新的经济模型，探讨了环境规制对企业技术创新方向、要素资源配置及产出的影响。在此基础上，将环境规制的技术创新效应区分为对技术创新生产本身、技术创新经济效应的影响两个层次，分析了其内在的作用机理。然后以中国制造业为研究对象，从行业特征差异视角分析了垂直专业化与环境规制分别对企业技术创新绩效、绿色全要素生产率的影响，从地区差异视角分析了垂直专业化与环境规制对技术创新效率的影响。除了考察环境规制强度外，我们还探讨了不同类型环境规制工具对技术创新的激励效应，并采用离散计数模型进行了实证检验。研究表明：

(1)参与国际垂直专业化，通过获取进口中间品的技术外溢效应以及分工协作中的前、后向产业关联效应，总体上有利于我国企业的技术创新。基于行业特征差异视角，本书的实证研究表明，垂直专业化在低集中度、低开放水平、高技术的行业中对技术进步的促进作用更大；基于地区差异视角，参与国际垂直专业化对东部地区企业的技术创新效率具有显著正向作用，但在中西部地区由于受到人力资本相对匮乏、基础设施条件相对落后等条件的制约，导致其对技术创新效率的积极效应并不十分明显。

(2)环境规制通过时期效应和强度效应对技术创新绩效产生一定的激励作用。本书在Julio等(2004)构建的环境投入产出模型基础上测算了中国进口中间品的CO_2含量，并将其引入对技术创新绩效的分析框架，基于27个制造行业面板数据的经验研究证实，加大环境规制力度能够促进科技活动人员占比及专利申请数量向着有利于提高本土企业技术创新绩效的方向发展，进口中间品碳排放与环境规制强度对技术创新绩效的影响在异质性行业间存在显著差异。

(3)环境规制可以通过创造新的市场需求、影响企业空间布局、改善信息交流功能等渠道对技术创新效率产生作用。基于异质性区域的实证检验发现，环境规制强度与企业技术创新整体效率在东部地区呈"U"形关系，在西部地区符合倒"U"形关系，而在中部地区尚未形成统计检验上显著的"U"形关系。基于产业集聚视角，对环境规制—产业集聚—技术创新过程效率这条路径的中介效应检验表明，环境规制对技术创新两个子阶段过程效率的作用方向在东、中、西三大经济区域间并不同步。

(4)环境规制的遵循成本效应与创新抵偿效应使得其与绿色全要素生产率之间的关系呈现并非简单的线性关系。采用中国制造业的经验研究证实，环境规制强度与绿色全要素生产率之间的关系整体上呈现"U"形关系，区分清洁型部门与污染密集型部门的回归检验表明，环境规制强度对清洁型部门绿色全要素生产率正向作用方向的拐点要先于污染密集型部门呈现。

(5)不同类型的环境规制工具对企业技术创新的激励效应大小存在差异。本书引入Fisher等(2003)理论框架分析表明，在排放税、免费分配可交易排污权与可拍卖排污权三种环境规制工具中，究竟哪种类型的环境规制政策工具能够实现对技术创新激励效应的最大化，在很大程度上依赖于污染削减成本效应、模仿效应、排放费支付效应与新专利的采纳价格效应这几个变量之间的综合权衡。浙江省25个工业行业的logit计量模型的实证检验也表明，环境规制工具对技术创新的激励作用受经济发展水平、行业特征以及外部环境等多种因素的影响。

根据上述分析结果，本书提出了相应的政策建议，如鼓励制造企业主动融入国际垂直专业化分工；适度加强环境规制力度；考虑地区、行业差异，实行差异化的环境规制强度；提倡采取灵活多样的环境规制形式；完善体制、机制等方面的配套政策等。

Abstract

Vertical specialization, one of important features of economic globalization, has gradually played the leading role in the international division of labor system in the recent ten years. Under such new mode of labor division, focus of multinational corporations that is based on the consideration of global value chain is turning to high added value of the production value chain, and gradually manufacturing and other production links that were less competitive were outsourced. This process has provided new opportunities and conditions for manufacturing enterprises of the developing countries to get involved into the global value chain starting from undertaking some middle and low end links of emerging industries. Taking for China for example, there is a big gap in resources abundances and technological capabilities between China and the developed countries. Chinese manufacturing business has been overly dependent on the material resources input and the advantage of low-cost land and labor to participate in international vertical specialization. While facilitating the rapid development of intermediate products trading, they are confronted with increasingly prominent problems in environment pollution and technology upgrade. For environmental concerns, whether the introduction of environmental regulation policies which belong to the social regulation category can stimulate technological innovation of domestic enterprises, if the answer is yes, with the timeliness convergence, China will realize a "win-win" situation in economic development and environmental protection. Conversely, the foreign trade and economic development mode at the expense of environment is unsustainable.

To conduct investigation and discussion on this problem, an economic model about the effect of environmental regulation on technological innovation was constructed in this paper based on the perspective of the vertical specialization, to discuss the effect of environmental regulation on the technological innovation direction of enterprises, allocation of element resources and output. On this basis, effect of environmental regulation on technological innovation can be divided into two categories: effects on the production itself and the economy. The internal function mechanism was analyzed, and the effect of vertical specialization and environmental regulation respectively on the enterprise technological innovation performance, green total factor productivity and the technological innovation efficiency was analyzed from the perspective of industry characteristic differences and regional differences, taking Chinese manufacturing industry as an example. In addition to study of the environmental regulation, the incentive effect of different types of environmental regulation tools on technological innovation was also discussed and the discrete counting model was adopted for empirical test, and the research showed that:

(1) Participation in the international vertical specialization is generally beneficial for technological innovation of enterprises in China through acquisition of the technological spillover effect of imported intermediate goods, and forward and backward industrial relevant effect of coordination and distribution. The empirical study of this paper found that from the perspective of the industrial characteristic difference, vertical specialization exerts better function in industries with low concentration, low level of opening up and high level of technology; from the perspective of regional difference, participation in the international vertical specialization has significantly positive effect on technological innovation efficiency of enterprises in the eastern region, but not obvious effect in the central and western regions restricted by the relative lack of human capital and backward infrastructure conditions.

(2) Environmental regulation exerts certain incentive role in technological

innovation performance through the period effect and strength effect. In this paper, based on the environment input-output model constructed by Julio et al. (2004), CO_2 emissions in the intermediate goods imported by China was calculated and introduced into the analysis framework of technological innovation performance. Empirical research of panel data of 27 manufacturing industries demonstrated that strengthening the environmental regulation can increase the proportion of scientific and technological practitioners and make the patent applications beneficial to improvement of the technological innovation performance of local enterprises, and the effect of carbon emissions of imported intermediate goods and environmental regulation strength on technological innovation performance showed significant difference among heterogeneous industries.

(3) Environmental regulation can exert effects on technological innovation efficiency through creation of new market demand influencing enterprise space layout, improvement of communication function and so on. The empirical test of the heterogeneous regions found that the strength of environmental regulation and the overall efficiency of enterprise technological innovation show a relationship of "U"type in the eastern region, inverted "U" type in the western regions, and no significant statistical test "U" type of relationship has not yet formed in the central area. Based on the industrial concentration, mesomeric effect on environmental regulation, industrial concentration, and technological innovation process showed that the effect of environmental regulation on efficiency of two subphase processes of technological innovation were not synchronous in the eastern, central and western economic zones.

(4) The cost effect and innovation counter effect did not present a simple linear relationship between the green total factor productivity and the environmental regulation. The empirical research of Chinese manufacturing industry proved that the environmental regulation strength and the green total factor productivity showed "U"type relationship on the whole, and regression test to distinguish the clean type sectors from the pollution

intensive sectors showed that the positive role of environmental regulation strength present an earlier inflection point on the green total factor productivity of clean type sectors than the pollution intensive sectors.

(5) Effects of various types of environmental regulation tools on technological innovation is different. Analysis made in this paper by introducing theoretical framework of Fisher et al. (2003) showed that in three kinds of environmental regulation tools including carbon tax, free permits and auctioned permits, the identification the environmental regulation policy tool which can maximize the incentive effect of technological innovation depends heavily on integrated balance of the variables among the pollution cost cutting effect, the imitation effect, emission fee payment effect and new patent adopted price effect. Empirical test based on logit measurement model of 25 industries in Zhejiang Province also showed that incentive effect of environmental regulation tools on technological innovation can be affected by many factors including the economic development level, industry characteristics and external environment.

According to the analysis result above, corresponding policy suggestions were put forward in this paper. Such as encouraging manufacturing enterprise to actively take part in the international vertical specialization; moderate strengthening of the environmental regulation; considering the regional and industrial differences, adopting the differentiated environmental regulation strength, advocating various environmental regulation forms, perfecting the system and mechanism and other supporting policies, etc.

目 录

图目录

表目录

第1章

导　论

1.1　研究背景及意义

垂直专业化[①]是经济全球化的一个重要特征。在这种新型国际分工模式下，跨国公司基于全球价值链的考虑将专注于生产价值链的高附加值环节（比如研发、管理、财务、营销等具有相对竞争优势的核心业务活动），并逐渐将生产制造等不具备竞争力的生产环节外包出去。这一过程也为发展中国家制造企业从承担一些新兴产业中、低端环节入手嵌入全球价值链（GVC）提供了新的机会和条件。由于在资源禀赋以及技术能力等方面与发达国家存在较大的差距，发展中国家在参与国际垂直专业化促进对外贸易发展的同时，也承接了发达国家部分高能耗、高污染产业及低附加值生产环节的转移，并引发一系列的环境污染问题。研究和探讨全球生产网络下环境规制的技术创新效应，对于"节能减排"，促进产业转型升级，实现中国经济的可持续发展，具有重要的理论与实践意义。基于此，本书以科学发展观为指导，以国际分工理论与环境规制理论为理论支撑，深入探讨了垂直专业化、环境规制与技术创新的关系，尝试着提出了全球生产网络下加强环境规制、促进中国企业技术创新的新思路。

1.1.1　研究背景

1.1.1.1　垂直专业化日益成为中国制造业参与新型国际分工的主要模式

改革开放 30 多年来，中国及时抓住经济全球化进程的大好机遇，充分发挥劳动力、土地、资源的低成本比较优势，主动承接发达国家和地区的制造业转移，通过出口以及相应投资拉动经济增长，并逐步发展成为全球制造业大国和"世界工厂"。中国采用大规模进口核心部件和资本品，再大规模出口最终产品的方式参与国际垂直专业化，导致对外贸易的迅猛增长。一个典型的现象是中国沿海地区以消费品为主要内容的出口增长奇迹的取得，就是从国外大量进口零部件、先进的机器设备等中间

---

①　目前，不同学者使用了不同的术语来描述这种生产环节和阶段跨国界的分布现象，如价值链切片、生产分散化、外包、产品内分工等。尽管这些术语表达不同，但基本含义是一致的。

产品来实现的。有学者用“为出口而进口”或“进口引致出口”的术语对此现象进行了描述(巫强、刘志彪,2009)。在这种背景下,中国进出口额从1995年的2808.6亿美元上升到2011年的36421亿美元,增幅达到1196.8%。同期,加工贸易进出口额从1995年的1320.7亿美元上升到2011年的13052亿美元,增幅为888.3%。2011年,中国加工贸易占总进口的比重达到74.86%,占总出口的比重达到68.75%。

以众多学者所关注的东亚生产网络为例,中国内地制造企业从日本、亚洲四小龙以及其他东南亚国家进口高附加值的精密零部件与资本品等中间产品,然后再融合国内低廉的生产要素进行低附加值的加工、组装,并将最终产品出口到欧美国际市场,形成典型的“三角贸易模式”。富士康公司、苹果中国代工企业以及中国的LED企业等就是这种模式的践行者,他们作为众多中国制造企业的一个缩影,主要通过专注于劳动密集型的工序环节来融入全球生产网络。从产业层面数据分析,中国制造业整体参与国际垂直专业化分工的程度较低,但增长速度较快,从1995年的0.151上升为2005年的0.261,11年间增长了72.39%(文东伟、冼国明,2010)。因此,在垂直专业化日益成为中国制造业参与新型国际分工主要模式①的背景下,如何提升中国企业在全球价值链中的地位,促进产业转型升级已成为当前学界和社会关注的热点问题。

1.1.1.2 垂直专业化背后蕴藏的环境污染与技术升级问题凸显

在最近的30多年中,全球范围内的贸易壁垒继续呈减少态势,与之相反,全球范围内的环境规制强度呈稳定的上升趋势,这在发达经济体的国家中表现得尤为突出。在这些经济发达的国家中,企业为满足环境规制要求而付出的成本持续呈现上升趋势,以美国为例,2000年的污染治理支出达到1840亿美元,相当于美国GNP的2.6%。一般来说,环境规制的严格程度随着收入的增加而不断上升(Dasguptal,et al.,2001),这意味着发展中国家在污染密集型产品生产上具备比较优势。如果这种推断成

① 徐康宁、王剑在《要素禀赋、地理因素与新国际分工》一文中指出:包括香港、台湾、澳门地区在内的“大中国”经济圈在世界零部件贸易中的比重已大大超过现居首位的美国,成为国际分工体系中最重要的组成部分,可以说当代国际分工格局已经深深地刻上“中国印记”。

立，污染行业将通过 FDI 从北方国家向南方国家转移，更简洁地说，就是发达国家中的污染产业将被世界市场上发展中国家的类似产业替代。这就是学者们所谓的“污染避难所假说”。

长期以来中国制造业过于依赖物质资源投入，依靠土地、劳动力的低成本优势参与国际分工，资源能源消耗过多，环境污染严重。这种粗放型的经济发展方式不仅影响到经济的可持续发展，而且加剧了经济发展与生态环境之间的矛盾。根据世界银行的数据，2008 年由于污染和环境退化[①]造成经济损失大约相当于国民总收入的 10.51%。2011 年 8 月 31 日，在自然之友等五家环保组织联合举办的苹果供应链污染调查报告发布会上，图上一幅巨大的黑色苹果代替了漂亮的白色苹果。调查发现，多达 27 家苹果“疑似”供应商存在污染问题，包括富士康、广州名幸电子和昆山凯达电子等。苹果作为立于产业链高端的买家企业，没有工厂，业务全部外包，一个螺丝钉都不生产，表面上看是无限绿色的，他们一直对外的承诺也是确保最高程度的社会责任。可是，在中国，它不看供应商的环境表现，一切以价格作为标准。以 iPhone 利润分配为例，苹果公司占有 58.5%的利润，韩国、美国等其他公司分别占据了 4.7%、2.4%的利润，而中国内地劳工成本只占了 1.8%。一部售价 600 美元的 iPhone4，富士康等中国组装企业只得到每台 6.54 美元的酬劳；而与此相对应，苹果公司在每台 iPhone4 上的获利高达 360 美元。作为规则的制定者，苹果制定了一个坏的规则，通过这种坏的规则迫使供应商降低环境标准去赢得订单，这对中国的环境保护是非常负面的。再以 IT 产品笔记本电脑的生产为例，跨国公司将低污染、高技术含量的研发工序保留在母国，而将制造和装配中高能耗、高污染的生产环节转移到我国东部沿海的生产基地，致使这些地区产生铅等重金属以及不可燃烧化学物质等大量难以处理的废弃物(丘兆逸，2012)。造成垂直专业化下环境污染问题凸现的原因主要基于以下两个方面：一是跨国企业没能遵守全球一致的环境承诺，加上中国环境执法力度很弱；二是全球范围内存在污染的梯度转移。发达国家出于降低成本的目的，将那些污染重、环境影响恶劣的生产环节转移到

---

① 环境退化是人类对环境的不合理开发利用，引起环境系统的结构发生变化，从而导致自我调节能力下降、功能减退的现象。

中国，从东部转移到西部，而这些地区为了招商引资、追求经济增长，往往放松对环境的要求，这造成很多的环保管理工作往往流于形式。

此外，在参与国际垂直专业化的过程中，中国企业还面临着技术创新路径被锁定的风险。制造企业科技创新能力不强，产品附加值不高，缺乏自主品牌。在基础原材料、重大装备制造和关键核心技术等方面与世界先进水平还存在较大差距，很多重要产业对外技术依存度高，许多核心关键技术受制于人。徐康宁、王剑(2006)的研究表明，发达国家在引领发展中国家融入全球生产网络的同时，凭借强大的科研实力和充裕的资本要素占据着技术、资本密集的核心工序的生产环节，发展中国家大多只是从事零部件等中间产品的加工、装配等非核心工序的生产，并且这种生产活动还需要在发达国家跨国公司的严格控制下进行，从而使发展中国家和地区面临被“俘获”在 GVC 低端的危险。例如，在阿迪达斯的代工厂中，铜陵东隆公司为保证其设备和工艺跟上阿迪达斯的需求，耗资 1000 多万元引进了先进的设备，而合作终止后，这些设备不能用于其他服装加工，只能降价变卖。此外，由于公司 70%的产能服务于阿迪达斯，合作终止会使公司面临“转身”的阵痛。[①] 唐海燕、张会清(2009)的测算结果进一步证实，一些发展中国家，如委内瑞拉、智利、白俄罗斯、土耳其、阿塞拜疆等，在参与新型产品内分工后，其在国际分工中地位呈逐渐恶化的趋势，在全球价值链中的位置非但没有得到提升，反而出现了倒退。

1.1.1.3 环境规制倒逼中国产业升级的需求日趋迫切

中共中央、国务院高度重视环境保护工作，将其作为贯彻落实科学发展观的重要内容，作为转变经济发展方式的重要手段，作为推进生态文明建设的根本措施。2011 年国务院先后出台了《关于加强环境保护重点工作的意见》和《国家环境保护“十二五”规划》，召开了第七次全国环境保护大会，进一步明确了“十二五”环境保护目标任务、重点工作及政策措施。环境保护的战略地位进一步提升，指导思想更加明晰，重点任务更加突出，保障措施更加有力。

各地为了切实发挥环境保护优化经济发展的作用，比如通过环境影响评价推动产业结构调整，以环境标准引领企业技术进步，先后因地制宜

---

① 刘书艳:《痛哉！中国代工厂》,《中华工商时报》2012 年 9 月 7 日。

出台了相应的地方性法规与环保标准。如在河池市龙江河镉污染事件发生后，广西壮族自治区党委、政府制定出台了《关于开展以环境倒逼机制推动产业转型升级攻坚战的决定》(以下简称《决定》)及相关配套文件。[①]《决定》规定，属于国家产业政策鼓励类和允许类的涉重金属和高排放、高耗能的新建、改建或扩建项目，必须一律上报自治区重大项目推进工作联席会议审查，审查通过的，方由各级投资主管部门按权限审批、核准或备案。非国家鼓励或允许的，一律不予审批、核准和备案。再以占据全国大约 1/4 钢产量的河北省为例，在国家钢铁工业系列污染物排放标准尚未正式出台之时，率先推出地方标准《钢铁工业大气污染物排放标准》(DB13/1461—2011，以下简称《标准》)，提高环保门槛。标准加严，将倒逼企业绿色转型。[②]《标准》实施后，将带来显著的环境效益。新、改、扩建钢铁项目从开始立项建设就要做到高标准、严要求，与国际水平接轨；现有企业将在生产工艺技术、治理技术可行的情况下明确污染物削减目标值，同时，新型治理技术的应用也会给钢铁企业带来可观的经济效益。

1.1.2 现实意义

从上文的分析中可以看出，垂直专业化、环境污染与技术创新之间存在一定的内在联系。随着垂直专业化日益成为国际制造业发展的主流，不少学者开始关注中国企业参与全球生产网络的经济效应，并且大都围绕着垂直专业化与环境污染、垂直专业化与技术进步以及产业升级中的某一方面分别展开，而将垂直专业化、环境规制与技术创新三者结合起来的研究还相对较少。《中华人民共和国国民经济和社会发展第十二个五年规划纲要》中明确指出：要健全节能减排法律法规和标准，强化节能减排目标责任考核，把资源节约和环境保护贯穿于生产、流通、消费、建设各领域各环节，提升可持续发展能力。要坚持把科技进步和创新作为加快转变经济发展方式的重要支撑。鉴于当前我国的环境资源形势依然严

---

① 梁斌：《以环境倒逼机制实现绿色发展》，《广西日报》2012 年 6 月 5 日。

② 徐俊华、周迎久：《河北推动绿色转型 出台钢铁工业大气污染排放新标》，《中国环境报》2012 年 8 月 2 日。

峻[①]，本书将在垂直专业化分工进程中引入环境规制政策，探讨环境规制影响技术创新的机理及效应，并就如何更好发挥环境规制的外在压力、刺激企业技术创新提供新的思路和途径。因此，本课题的研究，还将为新型国际分工背景下以环境规制倒逼产业转型升级、构建可持续发展的经济模式提供现实指导。

1.1.3 理论意义

首先，环境规制虽增加企业治污成本，但能通过相应的机理影响企业技术创新的生产及其经济效应，而理论界关于这方面的系统研究尚不多见，这也是目前理论研究的薄弱环节，本研究将在这一薄弱环节力求有所突破。

其次，关于环境规制对技术创新的影响，无论在理论还是实证研究方面，都尚未取得一致性的结论。本研究在我国制造企业参与国际垂直专业化分工背景下，分别基于行业特征差异、地区特征差异视角，着重考察了垂直专业化程度与环境规制力度对技术创新的影响，这对经济转型期正确认识和把握垂直专业化分工与环境规制在产业升级中的作用，具有十分重要的理论意义。

再次，环境规制的技术创新效应受环境规制的执行力以及环境规制工具类型等多种因素的影响。如何在参与垂直专业化分工的同时，通过政策调整最大限度发挥环境规制对技术创新的激励作用，积极探索适用于中国国情的环境规制工具，为政府提供参考依据和技术支撑，具有重要的理论价值。

1.2 主要概念界定

1.2.1 垂直专业化概念界定

20 世纪后半期以来，全球范围内国际分工深化的一个新的显著特征是垂直专业化生产模式下的国际分工开始成为国际分工体系中的主角。

---

① 高能耗、高排放的工业仍然是一些地区经济增长的支撑，低碳、低排放的生产方式，还未站到经济舞台的中央。

即以前集中于一个企业内部进行的一系列生产活动被垂直分解成若干个生产环节和阶段,不同的生产环节和阶段被分布到不同的国家和地区进行专业化生产。这被称为国际垂直专业化分工以及由此引发的生产链条国际化分布现象。

在这种新型国际分工模式下,跨国公司基于全球价值链的考虑将专注于生产价值链的高端环节(诸如产业链中更多体现附加值的研发设计、营销两端),并逐渐将生产制造等一些不具备竞争力的生产环节外包出去。与此同时,产品的非一体化生产也意味着低成本的发展中国家将凭借"洼地成本"优势吸引劳动密集型的生产、装配环节。格罗斯曼和赫尔普曼(Grossman,Helpman,2005)根据世贸组织(1998)的年度报告,对美国小汽车的垂直分散化生产做了如下描述:美国小汽车30%的价值是韩国装配线生产的,17.5%的价值归功于日本的部件及先进技术,7.5%的价值来自德国的设计创造,4%的价值由中国台湾和新加坡的小零件生产贡献,2.5%的价值来自英国的广告、市场营销等服务提供,还有约1.5%的价值由爱尔兰和巴巴多斯岛的数据处理环节制造提供。这就意味着,只有大约37%的价值是在美国国内生产的。

对垂直专业化的关注,最早始于20世纪60、70年代。巴拉萨(Balassa,1967)首先使用"垂直专业化(Vertical Specialization)"这一名词,用来概括一种商品在多个工序阶段连续生产,并由两个或两个以上的不同国家在这一商品制造中提供价值增值这种现象。1975年,芬格(Finger)对美国20世纪60年代出现的"海外组装操作"进行了研究。之后的30多年间,垂直专业化的研究在国际上掀起了一波新的热潮。国外学者从不同视角出发,用不同的术语来描述国际垂直专业化现象,例如产品内分工、零散化生产、生产的非地方化或非本土化、价值链的切片化、中间投入品贸易、全球经济的生产非一体化、纵向非一体化以及万花筒式的比较优势等。

不同学者对垂直专业化内在机制和适用范围的理解存在着较大差异,故至今尚未形成一个权威的定义和达成统一的意见。目前西方对于国际垂直专业化分工应用得比较多的概念主要有三种:一是赫默尔兹(Hummels)等人(1998;2001)的垂直专业化概念,其核心特征为:一种商品由多个阶段连续生产完成,在这个过程中,两个或两个以上的国家提供了价值增值服务，并且其中至少有一个国家在商品生产中采用了国外进口投入品，而其产出的产品是被用作出口的。二是 Grossman 和 Helpman(2004)提出的国际外包概念，指发包方除购买原材料与标准化中间产品外，通过寻找一个国外企业与其建立合作关系，并促使合作伙伴进行专项投资，确保在不完全合约的情形下，能持续生产并满足外包方需求的产品或服务。学术界主要以中间投入品贸易为工具对国际外包进行研究，如格斯海克(Geishecker,2006)用进口中间投入品与总的国内产出之比来测算外包程度。与垂直专业化相比，国际外包的概念相对宽泛。三是 Jones 等人(1990)提出产品内分工概念，又被称为“零散化生产”，指同一种最终产品生产过程中包括的零部件生产工序在空间上分离开来并散布到不同国家(或经济体)内进行，而各参与国又通过产品内贸易(即中间品贸易)的形式更加紧密地联系起来。徐康宁、王剑(2006)指出，当垂直专业化国际生产分工是围绕一个产品生产，涉及产品零部件的交换时，就是产品内国际分工；否则就是产业间国际分工。如不特别说明，在本书中国际产品内分工与垂直专业化生产分工具有相同意思。

1.2.2 环境规制概念界定

规制(regulation)中文也译成“政府管制(government regulation)”，作为一种社会管理的方式，它存在于极端的政府所有制和自由放任的市场之间。不同的学者对规制内涵和外延的理解存在一定的差异，如日本学者植草益(1992)把规制界定为“社会公共机构根据一定的规则对构成特定社会的个人和构成特定经济关系的经济主体的活动进行限制的行为”①，而丹尼尔·F·史普博(1999)则认为规制是由行政机关制定并执行的直接干预市场机制或间接改变企业和消费者供需决策的一般规则或特殊行为②。王俊豪(2001)综合各位学者对规制概念的探讨，归纳得出规制的三个共性特征：即规制的主体是社会公共机构和政府行政机关；

---

① 植草益:《微观规制经济学》，中国发展出版社 1992 年版，第 1 页。

② 丹尼尔·F·史普博:《管制与市场》，上海三联书店、上海人民出版社 1999 年版，第 45 页。

规制的客体是各种经济主体，主要是企业；规制的主要手段是凭借政府权威来制定和实施的各种规则或制度。[①] 依照规制对象性质的不同，规制通常分为经济性规制与社会性规制两大部分。经济性规制主要以自然垄断领域或存在严重信息不对称的领域为研究领域，通常是以某个具体产业为主要研究对象。社会性规制的主要研究领域涉及环境保护、卫生健康和安全等方面，同经济性规制相比较，社会性规制并不是以特定产业作为研究对象的，而是围绕着如何达到一定的社会目标，实现跨产业、全方位的规制展开，其中，在社会性规制的研究中，外部性理论和信息不对称理论是基本的理论基础，研究内容主要包括对环境污染的规制、对卫生健康的规制、对产品质量的规制以及对工作场所安全的规制等。[②]

环境规制属于社会性规制的范畴，主要源于环境污染所导致的外部性，政府通过制定相应政策与措施对厂商的经济活动进行直接或间接调节，以达到保护环境和实现经济发展的目标（熊鹰、徐翔，2007）。学术界对环境规制含义的理解存在一个不断认知的过程。赵玉民等（2009）提出从主体、手段、对象、目标和性质五个维度对环境规制进行了界定和拓展，并据此将环境规制划分为隐性环境规制与显性环境规制两类。其中，隐性的环境规制主要指内在于个体的环保意识、环保态度和环保观念等；而显性环境规制又可划分为命令控制型环境规制、基于市场的激励性环境规制与自愿性环境规制三种。以上四种环境规制产生的时期不尽一致（如图 1.1），相应地，在运行成本与对技术创新效率激励方面的影响也不尽相同。命令控制型环境规制与基于市场的激励性环境规制运行成本较高，而隐性环境规制与自愿性环境规制的运行成本相对较低；命令控制型环境规制对企业技术创新的激励作用较小，而其他三种环境规制对技术创新的激励作用相对较大。

---

① 王俊豪：《政府管制经济学导论》，商务印书馆 2001 年版，第 2 页。

② 同①，导言第 2 页。

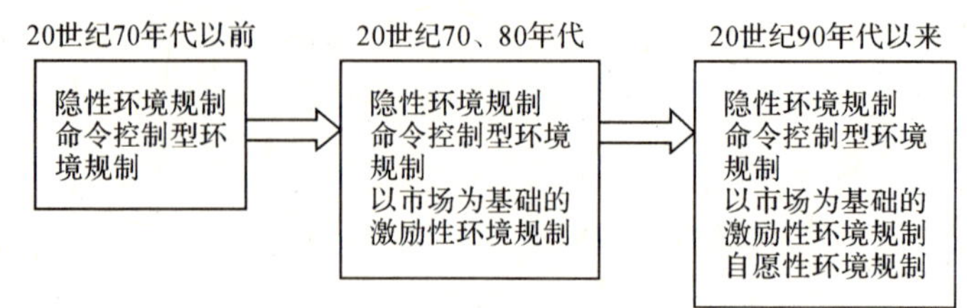

图 1.1 环境规制的演进阶段

资料来源：转引自赵玉民、朱方明、贺立龙：《环境规制的界定、分类与演进研究》，《中国人口·资源与环境》2009 年第 6 期，第 85—90 页。

在环境污染治理问题探讨上，国外文献中环境政策与环境规制这两个概念交互出现的频率较高，且差别不大。但在国内来说，两者包含的内容差异性较大。其中，前者涵盖的范围较广，既包括国外环境政策也包括国内环境政策；而后者只是国内环境政策的一个组成部分。考虑到与本书研究主题的相关性，我们借鉴董敏杰（2011）关于环境政策与环境规制概念的区分，将环境规制内涵界定为政府依法对企业新增污染物所进行的直接或间接治理与控制。

1.2.3 技术创新概念界定

熊比特（Schumpeter，1934）最早提出，创新就是企业家把一种从未有过的生产要素、生产条件的新组合导入生产体系，以形成一种新的生产能力，来获取潜在利润。现代的技术创新理论就是基于熊彼特的创新理论衍生和发展而来的。曼斯菲尔德（Mansfield，et al.，1981）、弗里曼（Freeman，1973）、美国国家科学基金会（NSF，1976）等分别从技术角度、制度角度对创新能力进行了研究和探索。缪尔塞（Mueser，1985）在 20 世纪 80 年代中期对所搜集 300 余篇相关论文的技术创新概念和定义进行了比较系统的整理分析后认为，技术创新是指一系列具有构思新颖性与成功实现等特点的、有意义的非连续性事件。

国内对技术创新的研究开展相对较晚，且对技术创新的概念也有多种不同理解。如清华大学傅家骥等（1998）指出，技术创新是囊括科技、组织、金融与商业等一揽子综合活动的过程，即企业家为抓住潜在市场机会，通过对生产要素、生产条件的重新组织，以建立一个效率更高、效能更强、费用更低的生产运营体系。浙江大学项保华、许庆瑞（1989）提出，技术创新就是一种新思想的形成、利用到生产出满足市场需求的产品与服务的整个过程。从广义上讲,不仅包括一项新技术成果本身,而且也应该涵盖后期成果的应用、扩散与推广等阶段。比较权威的说法是1998年8月《中共中央、国务院关于加强技术创新,发展高科技,实现产业化的决定》中对技术创新的定义。它们认为,技术创新是指企业采用创新的知识、新的技术、新的工艺,运用新的生产方式、新的经营管理模式,以提升产品质量,开发新产品,提供新服务,来占领市场、实现市场价值的过程。

以上关于广义技术创新内涵的界定表明,技术创新链条应该包括研发投入、中间试验、产业化以及商业化的各个环节,只有当研发成果转换成市场成功,技术创新的过程才算真正完成。企业的技术创新能力是一个逐步积累的、渐进的过程,对创新能力的衡量不仅要看研发投入与专利的数量,更重要的是要看创新的竞争力与效率。在企业不同的发展阶段,技术创新的含义也应该有所不同。比如,对于技术实力雄厚的跨国公司来讲,创新意味着开发世界上较为先进的技术、产品和工艺;而对于我国的绝大多数企业来讲,由于应用研究的能力相对薄弱,除了一些行业中的标杆企业具备技术创新能力、能够通过创新提升国际竞争力外,大部分的企业尚处于跟随与模仿阶段,这个时候的创新可能仅仅是相对的新产品、新工艺与新技术,而通过学习、传播国外技术并对其进行的改进式创新,当然也应该属于技术创新的范畴。

1.3 研究方法和基本框架

1.3.1 研究方法

本书综合运用了国际贸易学、环境经济学、技术经济学、统计学等相关学科领域的研究方法,力求能够多个层面、多个角度、系统地研究垂直专业化下环境规制的技术创新效应问题。归纳起来,本书主要采用了以下研究方法:

(1)文献研究法。本书以技术创新为核心,围绕着国际垂直专业化、环境规制与技术创新两两之间的关系搜集、整理相关文献资料,通过对相关研究现状及成果的归纳、总结及述评,指出了现有研究的不足以及下一步努力的方向。

(2)逻辑演绎法和计量分析法。逻辑演绎法主要用于对已有模型进行适当的修改并创新,研究垂直专业化分工背景下环境规制影响技术创新的经济模型,并形成环境规制影响技术创新生产及其经济效应的理论分析框架。计量分析法主要基于前文的理论分析框架,分别以技术创新绩效指标、技术创新效率指标以及绿色全要素生产率指标为核心被解释变量,以环境规制强度与国际垂直专业化程度为核心解释变量,在控制其他影响因素的基础上,对环境规制、国际垂直专业化与技术创新之间的关系进行实证检验。

(3)DEA 数据包络分析法和投入产出法。DEA 数据包络分析法主要用于传统全要素生产率以及考虑环境因素情形下绿色全要素生产率的测算、技术创新整体效率以及技术创新两个子阶段的过程效率的测算;投入产出法主要用于进口中间品碳含量和制造业参与国际垂直专业化水平的度量。

(4)比较分析法和图表描述法。比较分析法主要用于实证研究中不同行业特征下垂直专业化与环境规制对技术创新绩效、技术创新效率的作用比较、不同经济区域范围内垂直专业化与环境规制影响绿色全要素生产率的结果分析。图表描述法主要用来直观反映不同制造行业、地区在垂直专业化程度、环境规制强度以及技术创新指标上的差异。

(5)系统分析方法。主要用于垂直专业化下环境规制影响我国企业技术创新的机理分析与实证检验,对环境规制、垂直专业化与技术创新的关系进行系统归纳,得出研究结论,提出相应政策建议,并对未来研究进行展望。

1.3.2 研究框架

本书在梳理以往相关文献的基础上,首先构建了垂直专业化视角下环境规制影响技术创新的经济模型,在此基础上,考察了环境规制对技术创新生产、技术创新经济效应的作用机理。然后以中国制造业为研究对象,从行业层面检验了垂直专业化与环境规制分别对企业技术创新绩效、绿色全要素生产率的影响,从地区层面检验了垂直专业化与环境规制对技术创新效率的影响。其次,基于技术创新激励视角,探讨了最优环境规制工具的选择问题。最后,结合环境规制政策在我国的具体实施,提出垂直专业化下以环境规制激励技术创新、推动产业转型升级、实现经济可持续发展的政策建议。具体研究思路与技术路线见图 1.2：

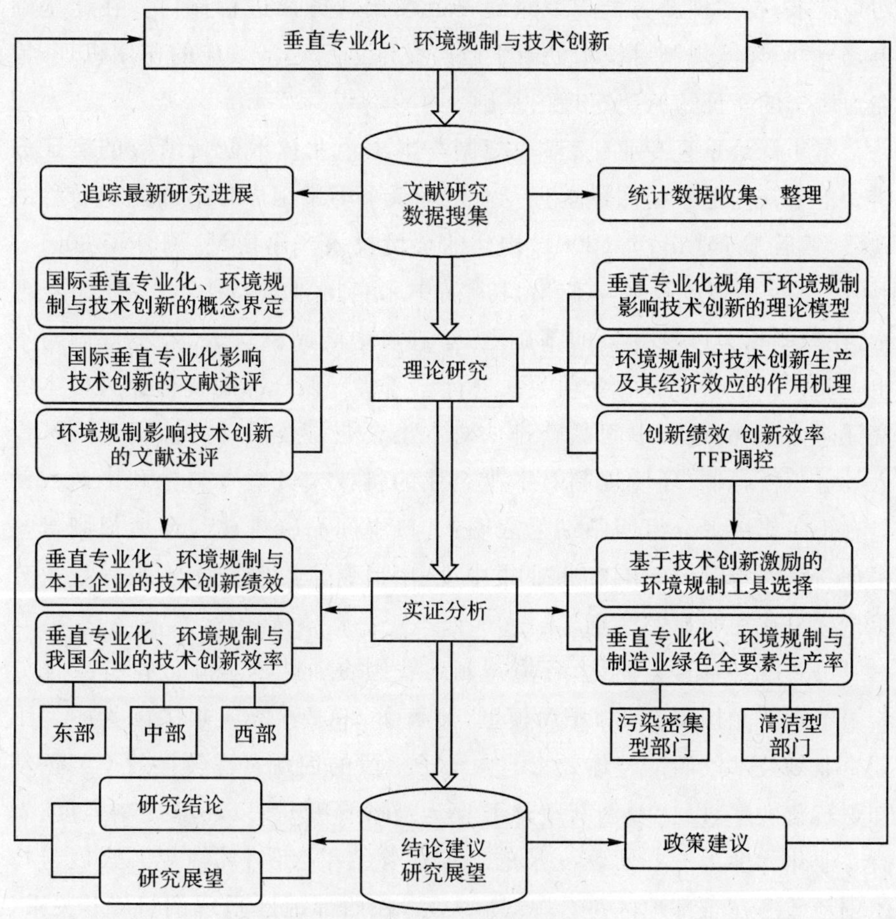

图 1.2 研究思路与技术路线

第 1 章是导论。主要说明选题的背景、现实意义与理论价值，简要分析研究方法、研究框架、技术路线以及可能具有的新意及不足。

第 2 章是文献综述。围绕本书研究的核心主题，在回顾以往研究关于垂直专业化与技术创新、环境规制与技术创新、理论与实证研究的基础上，比较系统地梳理了垂直专业化、环境规制与技术创新之间的关系，并对其进行了简要述评，指出了现有研究存在的不足以及可能改进的方向。

第 3 章是垂直专业化背景下环境规制影响技术创新的理论分析。基于我国参与国际垂直专业化分工的实际，在崔和季(Cui and Ji,2011)与贝纳罗奇和韦德(Benarroch and Weder,2006)的研究基础上,构建了一个环境规制、中间产品贸易与技术创新的理论模型,就环境规制如何影响企业污染需求、技术创新方向以及最终产品产出等方面进行探讨。在此基础上,分析了环境规制对技术创新生产与技术创新经济效应的作用机理,旨在为后文的实证检验奠定理论基础。

第 4 章是垂直专业化、环境规制与本土企业技术创新绩效的实证分析。本章首先考察了国际垂直专业化背景下污染工序环节向国内转移的现象,然后基于 Julio 等(2004)构建的环境投入产出模型,测算了 2001—2007 年 27 个制造行业单位出口产品中来自国外进口中间品的 CO_2 含量,在控制相关影响变量的基础上,对进口中间品碳排放、环境规制与本土企业技术创新绩效的变动关系进行了考察。以全部制造行业为样本的实证研究发现:进口中间品碳排放对本土企业科技活动的经费及人员投入具有积极影响;环境规制对本土企业的科技人员投入与专利申请数量具有正向作用。分组回归结果表明:进口中间品碳排放与环境规制对技术创新绩效指标的影响在行业集中度、出口密集度与技术水平等行业分组指标下存在明显的区别。

第 5 章是垂直专业化、环境规制与我国企业技术创新效率的实证分析。本章首先构建网络 DEA 模型,测算了 2002—2008 年中国大中型工业企业的技术创新的整体效率与两个子阶段的创新资源转换效率与创新知识转化效率,以技术创新整体效率为被解释变量,以环境规制强度、垂直专业化程度为核心解释变量的实证检验结果表明:环境规制强度与技术创新效率在东部地区符合“U”形关系,在西部地区呈现倒“U”形关系,在中部地区尚未形成统计检验上显著的“U”形关系;垂直专业化水平和市场化程度对东部地区技术创新效率具有显著的促进作用,而在中西部地区并没有对创新效率带来积极影响;人力资本存量整体对技术创新效率的正向效应不明显。其次,基于产业集聚视角探讨了环境规制影响技术创新过程效率的中介效应,引入中国三大经济区域工业数据的中介效应检验结果,也在一定程度上支持了从环境规制到产业集聚再到技术创新过程效率之间存在的链条效应机理。

第 6 章是垂直专业化、环境规制与制造业绿色全要素生产率的实证分析。本章首先基于 27 个制造业的面板数据模型检验了垂直专业分工对技术进步的影响,并考察了垂直专业化对技术进步影响的行业差异性。其次,将制造业参与垂直专业化分工的程度纳入环境规制对制造业绿色全要素生产率影响的分析框架,采用面板数据的实证检验结果表明:垂直专业化显著地与制造业绿色全要素生产率呈现正相关关系;环境规制强度与制造业绿色全要素生产率整体上符合"U"形关系,其对绿色全要素生产率的影响在清洁型部门与污染密集型部门之间存在一定的差异性。最后,就环境规制与制造业参与垂直专业化在全球价值链中的位置关系进行了初步考察。

第7章是基于技术创新激励的环境规制工具选择。本章借鉴 Fisher 等(2003)的理论模型,分析了不同环境规制工具对技术创新激励作用大小的相关影响因素,然后选取浙江省的25个工业行业为样本,采用离散计数模型比较了排放标准、排污许可证、排污费与补贴四种环境规制工具对技术创新激励效应的大小。

第8章是研究结论与展望。本章对前述研究进行总结,提出中国"十二五"期间加强环境规制、提升国际分工地位,增强技术创新能力,实现产业转型升级的政策建议。最后针对本书的研究内容提出了几个有待进一步深入研究的问题。

1.4 创新点

本书主要探讨了垂直专业化背景下加强环境规制到底可能会对企业技术创新带来的影响与冲击,归纳起来创新之处有以下几点:

(1)从我国企业参与新型国际分工中存在的"低端锁定陷阱"与环境污染问题出发,并基于中国参与国际垂直专业化、中间品贸易额迅速增长的现实,构建了一个环境规制、中间品贸易和技术创新的理论模型,探讨了环境规制对企业排污需求、技术创新方向以及最终产品产出的影响。在此基础上,比较系统地分析了环境规制对技术创新生产及其经济效应的作用机理与渠道。

(2)利用投入产出表测算我国27个制造业部门参与国际垂直专业化程度,在此基础上第一次实证检验了垂直专业化的技术进步效应及其行业差异性,分析结果对国内企业按照比较优势切入全球产业链和产品内分工价值链,增强自主创新力度、提高研发支出对技术进步的促进作用以及完善相关配套的体制、机制具有一定的政策启示。

(3)利用网络 DEA 模型测算我国大中型工业企业技术创新整体效率及其两个子阶段的创新资源转换效率与创新知识转化效率，在此基础上第一次将环境规制与垂直专业化同时纳入对企业技术创新效率的考察，并着重分析了不同环境规制强度对三大区域技术创新整体效率影响的差异性。其次从产业集聚视角切入，检验了从环境规制到产业集聚再到技术创新过程效率的中介效应。实证检验结果对于实施区域差异化的环境规制力度具有一定的参考价值。

(4)基于垂直专业化的视角构建了环境规制影响企业绿色全要素生产率的分析框架，然后利用 SBM 模型测算考察了环境因素的制造业绿色全要素生产率，并引入环境规制的二次项，考察了环境规制与绿色全要素生产率之间存在的非线性关系及其行业差异性。实证结果对于政府部门根据行业现实特征，制定差异化的环境规制政策具有一定借鉴意义。

第 2 章

文献综述

最近十多年来，国际垂直专业化分工开始在全球范围内盛行，并被很多学者用作解释世界贸易总量迅速增长的一个重要因素（Hummels，et al.，2001；Yi，2003；Grossman and Helpman，2005）。广大发展中国家在通过参与垂直专业化分工促进本国经济增长的同时，也面临着技术升级与控制环境污染的双重目标。在这种背景下，下文将从三个方面对垂直专业化、环境规制与技术创新的相关研究进行梳理述评：一是在分析国际垂直专业化产生动因的基础上，评述了垂直专业化对企业技术创新的影响；二是归纳和梳理了环境规制影响技术创新的理论与实证；三是探讨了环境规制、垂直专业化与技术创新研究的新进展，并进行了简要述评。

2.1 国际垂直专业化对技术创新的影响

2.1.1 国际垂直专业化理论产生与发展

随着通讯和信息处理技术的发展，全球资源使用成本降低，远距离多时空交易便捷可行，要素流动障碍降低，价值链上的各项生产活动得以在国际上实现更加专业化的细化。国际分工越来越表现为相同产业不同产品之间和相同产品内不同工序、不同增值环节之间的多层次分工。国际分工的范围和领域不断扩大，逐渐由产业间分工发展为产业内分工，进而演进为产品内分工为主的国际分工体系。在这种新型国际分工下，发达国家通过业务外包、贴牌生产等方式将产品生产中的低技术——劳动密集型零部件或生产环节转移到发展中国家完成，利用发展中国家廉价的劳动力降低生产成本，提高产品竞争力。发展中国家则利用自身的劳动力优势，承接中间产品和零部件的制造、产品的加工组装等生产活动，融入国际分工体系。

1776 年，亚当·斯密发表了《国富论》，首次以分工与国际分工为理论基础来解释国际贸易产生的原因和贸易模式的选择，将国际贸易产生的原因分析从流通领域转向生产领域，开创了“国际分工—国际贸易”的理论分析框架。其后，无论是作为传统国际贸易理论确立标志的“比较优势理论”，抑或是被称作“现代国际贸易理论新开端”的 H—O 理论，还是将不完全竞争、规模报酬递增及产品差异化融入国际贸易理论模型的“新贸易理论”，尽管都在各自设定的理论假设前提下诠释了国际贸易产生的原因与模式，但这些理论分析都有一隐含前提条件：国际分工与贸易的对象是最终产品，特定产品的全部生产过程必须在某一国家或经济体内部完成。

在对国际垂直专业化发生的基础与动因进行剖析时，学者们最初延续了传统贸易理论的分析框架，认为比较优势是产品内分工的基础。桑亚尔和琼斯（Sanyal and Jones，1982）、迪克西特和格罗斯曼（Dixit and Grossman，1982）在要素禀赋理论模型框架下考虑了生产可以分割为不同阶段的情况，两者均认为模型中不同环节的比较优势仍然是专业化与贸易方式的决定因素。多夫（Deardorff，2001）在扩展的李嘉图框架下和扩展的 H—O 框架下分别分析了产品内分工与产品内贸易，其研究结果表明：对于一个开放的贸易小国来说，中间投入品的市场价格是决定生产和贸易的关键因素；若中间投入品价格低，该国就会将这个中间投入品转移到国外进行生产；反之，若中间投入品价格较高，本国将对其进行专业化生产。多夫（Deardorff，2001）还认为：垂直专业化分工在各国的开展取决于专业化技术带来的成本节约与额外资源使用成本之间的权衡；参与国际产品内分工可能使一国在原来没有比较优势的产品生产上获得比较优势。这为发展中国家参与国际垂直专业化分工提供了一定的理论支撑。

既然作为传统贸易理论基础的比较优势可以用来分析国际垂直专业化分工的发生，那么从新贸易理论出发，考虑规模经济与不完全竞争对国际垂直专业化的影响也是合乎逻辑的（胡昭玲，2006）。石井和易（Ishii and Yi，1997）、卢锋（2004）等指出，比较优势与规模经济是影响国际垂直专业化的决定性因素。以某一产品的具体生产为例，在不同工序阶段中可能同时存在规模经济差异与要素投入比例的差异。不同工序环节上要素投入比例上的差别在一定程度上解释了产品内分工国别结构上的不同，而规模经济因素则强化了这种分工。通过垂直专业化分工，将有效规模不同的生产工序环节加以剥离，并整合到不同的空间场合进行制造，能够发挥比较优势和规模经济的作用，从而达到节约成本、提高资源配置效率的目的。此外，陈、石川和余（Chen，Ishikawa and Yu，2004）的研究还表明：本国企业的外包行为可能会削弱国外企业在最终产品市场上与本国企业竞争的动机。

在国际垂直专业化分工的模式下，跨国公司日益成为国际分工的主体，跨国公司的行为在某种程度上决定着国际分工的微观机制和资源配置方式。为了解释国际垂直专业化的微观基础，一些学者把产业组织与契约理论相关概念纳入贸易模型的分析框架，将贸易与企业生产组织模式结合起来解释国际垂直专业化发生的微观机制，应用产权理论（Antràs，2003；Antràs and Helpman，2004）、激励系统理论（Grossman and Helpman，2004）、交易费用理论（McLaren，2000；Grossman and Helpman，2005）、委托代理理论（Marin and Verdier，2003）等阐述了国际垂直专业化分工对生产组织模式与贸易模式的影响。这一分析框架是国际垂直专业化理论与实证研究领域一个新的重要分支（Spencer，2005），具有较强的现实意义。

除了上述的比较优势、规模经济以及微观生产组织模式选择等因素外，运输与通讯成本下降、关税壁垒的削减以及技术进步与制度变迁等也是影响国际垂直专业化生产活动开展的重要因素。赫默尔兹、瑞伯和易（Hummels，Rapport and Yi，1998）通过扩展的李嘉图贸易模型分析了垂直专业化贸易发展的动因，认为通讯和运输技术的发达使得垂直专业化分工在各国成为可能，而关税等贸易壁垒的削减使这一可能成为现实，并在其中发挥了极大的推动作用。琼斯和克尔茨考斯基（Jones and Kierzkowski，2001a）认为，服务成本随规模增大而降低，成为垂直专业化国际分工的主要推动力量。卢锋（2004）从技术进步和制度变迁视角考察了产品内分工的发展动因，其中技术进步主要包括运输成本下降、信息交流成本下降以及生产模式的改进，制度变迁包括贸易自由化改革、发达国家鼓励海外加工贸易政策以及发展中国家鼓励出口加工贸易政策等。

2.1.2 国际垂直专业化的技术创新效应

综观国际垂直专业化理论的产生与发展，对国际垂直专业化经济效应的分析大部分是从发达国家角度出发的，并主要集中在垂直专业化的贸易效应（Hummels et al.，2001；Yi，2003；Grossman and Rossi-Hansberg，2008）、垂直专业化的生产率效应（Glass and Saggi，2001；Calabrese and Erbetta，2004）以及垂直专业化的工资效应（Feenstra and Hanson，

1995;Geishecker and Görg, 2004;Jones and Kierzkowski,2001b))。从发展中国家立场出发以国际垂直专业化为切入点的文献相对较少,并且这类研究文献也是以新兴工业化国家为主要研究对象的。对中国工业参与国际垂直专业化分工所产生的经济效应进行研究的文献尚不多见,其中关于垂直专业化对技术创新影响的研究则更少,这也为本研究的后续进行提供了空间。

2.1.2.1 国际垂直专业化影响技术创新的理论分析

参与国际垂直专业化为发展中国家企业在技术上“赶超”发达国家提供了契机。以下我们将分别从专业化生产视角、知识溢出视角和吸收能力视角对产品内分工影响技术创新的路径进行分析:

(1)基于专业化生产视角

垂直专业化作为国际贸易分工的一种重要表现形式,其引致的专业化生产有利于促进技术创新:

其一,企业将生产工序环节中不具备比较优势的零部件、服务等中间产品外包,由国外企业供应,而专注于生产自身拥有的相对比较优势工序环节,这将利于企业资源的优化配置与生产成本的下降(Girma and Gorg, 2004;Mucchielli and Jabbour,2004)。

其二,伴随生产的片段化,由此而形成新的产业集群有利于企业间的知识外溢,Jones 和 Kierzkowski(2005)的研究表明,大规模的产出和降低服务联结成本的技术进步促进了经济活动的国际分散化。若不同产业的生产区块具有相似的要素比例和劳动技能类型,国际产品内分工将引起这些区块形成集聚。这将促使生产区位进行重新排列,并将提升技术创新的速度。钱学锋、陈勇兵(2010)的研究也证实,国际分散化生产是解释中国工业集聚的一个重要因素。

其三,发达国家的环境规制、质量管制措施可以“诱发”本土企业的技术创新。国际产品内分工意味着,本土企业不仅参与了中间产品的进口过程,而且还参与最终产品的出口环节。企业为了满足国外消费者对质量的挑剔要求和国外政府对进口产品的各种规制标准,不得不参照进口国对产品质量标准、生产工艺以及对样式、偏好等的规定组织生产。在这种背景下,发展中国家企业,只有通过技术创新,才能实现竞争优势。巫强、刘志彪(2007)的研究表明:进口国产品质量管制可能会促使出口国出口企业被迫将更多资源投入创新活动，加快产品创新，并实现被动性产业升级。这对产品内分工下的国内企业技术创新具有重要意义。但其成立的前提是进口国最低质量标准不能过高于出口国出口企业现有质量水平，出口企业预计的创新投入不能过大，否则就会从进口国市场主动退出。

但与此同时，由垂直专业化分工引致的专业生产有可能抑制或阻碍技术创新的负面影响也不容忽视：

其一，制造方与发包方在产品核心技术及专利等方面存在一定的信息不对称，而创新需要共享组织内、外部的各种信息与知识，产品内分工中的生产承接商在外部信息获取方面可能抑制创新的发生（Silver，1984）。

其二，在产品的垂直专业化生产中，发展中国家将凭借人力成本、资源成本与制度成本等方面的“洼地”优势，通过承接发达国家高技术产品生产中劳动密集型的工序的转移，导致这些国家在高技术产品出口上呈现“爆炸性”增长（Srholec，2007）。但若本土企业仅仅依靠要素禀赋上的优势，将自身局限在价值创造比重较低的工序和环节上，就会陷入创新乏力与低端锁定的困境中（周勤、周绍东，2009）。巴克利（Buckley，2009）指出，发达国家企业为了满足顾客需求、缓解由于竞争带来的价格下降压力选择离岸外包，但对外包的产品范围做出了明确规定，如对于知识产权保护十分关键的核心环节、对于物流配送要求较为严格的产品、具有高技术含量以及对产地高度敏感的产品等通常被列入不能外包的产品范围。因此，国际垂直专业化的新型国际化分工在一定程度上限制了大部分发展中国家的发展选择。

其三，国际垂直专业化分工中国际大买家并不必然为价值链中其他参与者的升级提供帮助（Humphrey and Schmitz，2004）。相反，还可能采取“纵向压榨”和“技术锁定”等手段，阻碍本土企业向全球价值链高端环节攀升。卢福财、胡平波（2008）的研究表明，在跨国公司与中国本土企业博弈关系中，跨国公司的最优选择是对本土企业的价值链升级路径进行封锁，而本土企业如果仅仅依靠自身力量将很难挫败跨国公司的“低端锁定”企图。刘志彪（2009）分析了国际大买家为阻碍中国本土企业技术创新通常采取的四种措施和手段：①国际大买家利用大额订单威胁中国代工企业，让本土企业严格限定于OEM代工生产，阻挠其向ODM和OBM转变[①]，恶化了代工企业技术创新的外部环境。②通过相对严格的商品进口质量体系、安全标准、环保进入壁垒以及产品生命周期缩短、革新换代速度加快等要求，来逼迫发展中国家的代工企业不断地进行设备淘汰，使得中国陷入引进→学习→再引进→再学习的被动境地。这样一方面把自身利用要素禀赋优势积累的利润消耗殆尽，另一方面抑制了发展中国家自主创新基础能力的发展空间。③依靠强知识产权、构筑“专利池”壁垒，来控制发展中国家代工企业的模仿学习与技术追赶的局面，在一定程度上抑制发展中国家代工企业技术创新能力的形成。④国际大买家通过强化在中国设立的研发机构组织体系来加强技术垄断，给中国企业学习技术设置障碍。

(2)基于知识溢出视角

生产工序阶段的分工合作可以促进技能和知识的国际流动，并增加全球价值链各个垂直环节的知识存量(Kaplinsky and Morris，2001)。厄恩斯特(Ernst，2002)等人通过对全球生产网络、供应商能力培养和领导厂商传递知识这三者关系的考察，认为全球生产网络可以作为创新和传递知识的载体，促进国际技术扩散，通过全球生产网络平台，领导厂商可以采用正式的或非正式的渠道把技术知识和管理经验传输给供应商，从而使供应商提供满足领导厂商需要的服务和产品。一般认为，发展中国家的企业参与国际产品内分工，能够从发达国家以较低的代价获取产品设计以及能够提高或改善生产工艺过程的技术支持与转移(Evenson and Westphal，1995)。

知识溢出将对企业的创新过程和产业发展发挥重要作用(Nelson，1993；Romer，1994)。胡军等(2005)研究认为，在国际产品内分工中，技术

---

① OEM(Original Equipment Manufacture，原始设备生产商)，可以简称为代工生产或贴牌生产；ODM(Original Design Manufacture，原始设计制造商)指一家公司根据另一家公司的规格和要求进行产品设计和生产，ODM与OEM最明显区别是，OEM是原厂委托制造，而ODM原厂委托设计；OBM(Orignal Brand Manufacture，原始品牌制造商)，即代工厂经营自有品牌，由于代工厂做OBM要有完善的营销网络做支撑，渠道建设的费用很大，花费的精力也远比做OEM和ODM高，而且通常与自己OEM、ODM客户有所冲突。

与管理经验等知识在供应商和发包商之间进行交互、演化，企业间知识外溢和学习的反馈作用机制给创新带来的外部作用呈“乘数”效应放大。陶锋、李诗田(2008)概括了企业间知识溢出和学习的影响因素，主要包括组织开放性、知识复杂性、知识差距、组织间关系资本等方面。后发国家或地区企业由于技术落后，可以利用发达国家已经较为成熟的知识、技术、管理与市场经验，减少试错成本，实现迅速的技术进步与赶超。(Gerschenkron，1962)。凯勒、赫尔普曼和夫马斯特(Coe，Helpman and Hoffmaister，1997)、凯勒(Keller，1999)、Hummels，et al.(2001)的研究表明，中间产品的进口促进了技术扩散。当一国企业积极参与国际产品内分工时，从技术领先国进口的中间产品，将通过投入产出的关联效应、“干中学”模仿及创新等提高进口国的劳动生产率，而中间产品种类的增加、中间产品质量的稳步提升与隐含于资本品中的知识溢出效应，将有利于该国相关产业内源性自主研发能力的逐步形成、从而在技术上实现新的突破与进步。

从知识转移的角度分析，跨国公司为了维持其在全球价值链中的话语权，非但不会主动将核心知识传递给东道国的本土企业，相反还会在全球生产网络中利用战略隔绝机制，尽量控制自身知识的溢出。汉弗莱和施密茨(Humphrey and Schmitz，2004)提出了市场导向型、均衡网络型、俘获网络型和层级型四种全球价值链(GVC)治理的模式，用来解释在价值链切片化情形下，以国家或地区为单元表述的全球生产体系对接和治理模式。在基于 GVC 的代工体系中，跨国公司凭借对终端销售渠道控制的市场势力与核心技术、品牌以及质量上的领先优势，导致发展中国家的代工企业广泛被“俘获”在低附加值、微利化的价值链低端生产制造环节。但对于国际代工企业的俘获型网络来说，它的存在并非必然致使知识转移功能完全丧失。吴晓波、刘雪峰等(2007)采用 160 家与国际旗舰企业有生产合作行为的本地企业作为分析对象，验证了嵌入跨国公司生产网络，对于本土企业获取外部知识的能力具有正向调节作用。张晔、梅丽霞(2008)的研究也证实，从长期分析看，代工企业所嵌入的全球生产网络内、外部环境可能会发生改变，进而使得跨国公司网络和本土企业网络逐步融合，这将导致知识溢出的可能性增加。

(3)基于吸收能力视角

吸收能力是影响企业知识溢出的关键因素之一。科恩和利文索尔(Cohen and Levinthal,1990)将吸收能力表述为企业识别外部新信息和知识的价值,将其消化、吸收并利用于商业目的的能力。他们认为,知识产品的生产具有较强的路径依赖和自我累积性特征,较大的现存知识存量表明企业有较强的研发能力去开发其他更多的新知识产品。而且研发投入的作用不仅仅是直接带来了新的技术成果,更重要的是增强了本国企业对外来技术吸收、学习和模仿的能力。李元旭、谭云清(2010)在总结了过去几年间有关企业吸收能力的重要文献的基础上,将影响代工企业吸收能力的因素归纳为:研发资本、人力资本、社会资本、学习机制和组织创新氛围等五个方面。

总的来看,企业能否从创新活动以及其他企业的创新中获取较高收益,一个关键性因素是其知识的互补能力,而这种互补能力主要来自于企业自身的知识水平和技能(Teece,1986)。通常认为,知识吸收能力强的发展中国家能够利用"后发优势",通过大量借鉴发达国家的先进技术,取得比发达国家更快的技术创新速度,从而缩小同发达国家之间的技术差距(潘士远、林毅夫,2006)。缺乏技术吸收能力是阻碍我国企业技术创新和升级的关键因素(安同良等,2006)。因此,在新型国际分工中,要缩小代工企业与产业前沿技术之间的差距,就必须提高国内企业的技术吸收能力,通过与外部的知识交流增加知识存量,增强技术创新能力。

2.1.2.2 垂直专业化影响技术创新的实证研究

(1)垂直专业化促进技术创新的实证检验

关于垂直专业化促进发达国家技术创新的经验研究成果有:小田部(Kotabe,1990)以美国 30 家企业的数据为基础的研究表明,美国企业的离岸进口水平同企业创新能力之间存在正相关关系,母公司与其国外子公司之间的技术、R&D 转移能在一定程度上避免创新能力的损失,美国企业自身的产品开发能力与其国外分支机构的生产创新能力具有互补效应。马斯克尔(Maskell,2007)对丹麦国际化企业实证研究发现,发包企业离岸外包的动因逐渐由最初的成本驱动型向创新驱动型转变。对于发包企业而言,低成本国家的承接方不仅具备成本优势,而且同时也有助于发包企业改善质量与创新。

从发展中国家角度出发的实证研究成果有:霍布德(Hobday,1995)研究了 OEM(贴牌生产)机制在韩国、新加坡、中国香港、中国台湾四个新兴工业化地区技术能力提高过程中的作用，并提出了发展中国家技术赶超的新模式：企业的技术能力遵从 OEM（贴牌生产）到 ODM（自主设计）再到 OBM（拥有自主品牌）的演变路径。佛朗科斯和德尼兹（Francoise and Deniz，2003）在比较中国、印度和土耳其近二十年的对外贸易发展状况后，发现中国通过从亚洲新兴工业化国家进口技术含量高的中间产品，从而大幅提升了其出口产品的技术复杂度，并在电子与机械产品出口上取得了一定的竞争优势，与之同期，印度和土耳其却仍旧只能在传统产品，如服装行业上具备竞争上的优势。张小蒂和孙景蔚（2006）认为中国产业参与国际垂直专业化有利于劳动生产率和产业技术水平的提高，对产业竞争力具有积极的提升作用。刘海云、唐铃（2009）采用中国 1997 年和 2002 年的投入产出表考察了国际外包的生产率效应，研究结果表明：在中国 35 个工业行业中，外包有利于企业劳动生产率的提高，而且服务外包对生产率的影响程度大于物质投入外包；高技术、低开放度以及大规模行业中国际外包对生产率的促进作用更为显著。徐毅、张二震（2009）利用投入产出表数据对中国企业的外包行为进行了考察，研究结果表明外包与行业的科研人员占比呈正相关关系，说明外包导致人力资源配置向有利于本土创新的方向发展。黄延聪（2002）研究发现，台湾地区厂商在参与国际垂直专业化分工中，通过吸收代工客户的产品开发知识增强了自身的产品开发能力。此外，他还界定了产品开发知识的具体内容，即企业在开发产品时，所需具备的观念、技能、技术、know-how 及方法等知识，包括产品概念、设计原理、产品技术、材料或零组件的功能与来源、制程技术、产品开发流程或制度以及产品管理知识等。

(2)垂直专业化抑制技术创新的实证检验

关于垂直专业化阻碍发达国家技术创新的经验研究成果有：Cho（1990）指出，对于技术含量越高的产品，美国制造企业越倾向于选择内包，而并非外包其产品。发达国家的外包对发展中国家的技术水平具有积极提升的作用，导致最终产品市场上竞争更加激烈，并对技术领先国的创新收益产生损害。比如 TSMC（台湾半导体制造公司）就是通过承接美国的外包订单而一跃成为全球最大的半导体厂商，这些潜在的竞争对手在世界范围内拓展业务，从而导致美国半导体企业的创新收益下降（Klenow，2005）。

从发展中国家角度出发的实证研究检验成果有：Wang 和 Wei(2007)基于我国 400 多个城市层面数据的实证研究表明：加工贸易对中国出口技术复杂度不仅未能起到多大的提升作用，甚至在一定程度上还表现为负向效应。卓越、张珉(2008)通过对中国纺织业进行考察后认为，跨国采购商主导的分工格局和升级控制，将从事加工贸易的中国纺织服装企业锁定在低附加值的加工制造环节，从而使之陷入了“悲惨增长”。本土制造商利润空间的萎缩抑制了技术创新能力的提升。

2.1.2.3 垂直专业化下代工企业技术创新能力的提升路径

国内不同学者从代工生产的网络关系、市场规模以及产业集群等角度，对垂直专业化下代工企业的技术创新路径，进行了尝试性的探索与考察：

王俊、刘东(2010)利用社会网络理论对代工生产的网络关系进行分析后认为，在由跨国公司主导的外包生产网络中，跨国公司与代工企业之间是强关系、代工企业不占据结构洞①，不能通过网络组织以及代工企业之间的互动获取技术前沿信息，致使代工企业陷入了自主创新的困境。在对大虎等一批能够成功进行技术创新的温州打火机企业进行案例剖析的基础上提出，代工企业如果要实现技术创新，就必须发展弱关系，摆脱对跨国公司技术与市场的依赖，并与行业内其他企业、上游产业、高校等科研机构建立广泛联系，占据关系网络中的多个结构洞，拓展信息的来源渠道，并以此构建代工企业技术创新的支持体系。

在全球代工体系中，跨国公司对利益的分配不仅取决于对体系内部核心技术环节的控制能力，还取决于对产品终端销售市场的控制程度。张胜(2010)认为，日益扩张的本土市场规模既为代工企业跨越“市场隔层陷阱”，获取市场能力提供了可能，也为代工企业的技术创新提供了规模效应诱因。在这个过程中，跨国公司出于全球市场竞争的需要，通常会对代工企业提供包括先进设备操作技能、产品的适应性开发与设计等技术支持；与此同时，跨国公司对本土市场的开拓将为代工企业提供了解产品用户消费习惯的机会，跨国公司与代工企业之间的“参与式合作”，有利于本土企业外部知识的获取和新的比较优势的构建。

---

① 根据伯特(1992)结构洞理论，占据结构洞能够获取不同的信息流。

谢小凤、吴可嘉等(2010)指出,在地方块状经济的发展过程中,集群内企业逐步形成了基于 GVC 的集群技术创新模式。它们一方面通过集群企业间合作创新,挖掘区域内产业之间的内在联系,另一方面在嵌入 GVC 的基础上与区域外的经济行为主体积极互动、不断调整自身融入 GVC 的方式以捕捉和创造新的价值和机会。如宁波磁性材料、北仑注塑机以及余姚模具城等产业集群就是这方面的典型代表。

2.1.3 研究评价

综观垂直专业化的技术创新效应研究,存在或尚未解决的主要问题有:

(1)目前国内外学者关于国际垂直专业化的技术创新效应研究中:定性的分析较多,定量的分析相对较少;静态的分析较多,动态的分析较少;也未能考虑垂直专业化对不同行业特征(如行业规模、技术水平、开放度及市场结构等)、地区特征对企业技术创新影响上的差异性。

(2)已有的研究成果较多关注了国际垂直专业化对企业技术创新绩效与生产率的影响,但对技术创新效率影响的研究尚不多见。

(3)在环境污染与技术升级问题凸显的背景下,目前尚未见到在垂直专业化过程中引入环境规制政策探讨对技术创新影响的相关研究,关于环境规制与垂直专业化能否对技术创新产生协同效应的研究就更少。理论研究上的薄弱可能使得相关政策的实施效果大打折扣。

2.2 环境规制对技术创新的影响

2.2.1 环境规制与技术创新

鉴于创新在社会经济发展中的关键性支撑作用,已有的许多研究都强调政府应该在创新系统中扮演重要角色,并通过政府规制来刺激技术创新能力的提升。一般而言,政府在促进技术创新上的途径有二:一是扶持措施,如资助公共研发机构、研发补贴等;二是政府规制,如规范、标准等。前者对技术创新的影响是直接的,而后者的影响却是间接的。以政府规制为例,税收、标准、契约等政策工具虽然和技术创新没有直接的关联,但却能有效促进新技术的发展。面对规制,企业最常见的回应方式是过程和产品上的渐进式创新以及促使现有技术的扩散与传播。规制严格与否是决定技术创新程度的一个重要因素，像产品禁令之类严格的规制措施对于企业实现技术上根本性的变革是十分必需的(Kemp,2000)。一旦规制措施不是很严格而是比较宽松，企业为适应新的规制要求只需在原有的技术水平上对产品做些改进与提升即可，这不足以刺激企业出于成本或绩效上的考虑而进行根本性的技术变革。

20 世纪 70 年代以来，随着国际分工的深入发展，自由贸易与投资引发的环境污染问题日益突出，进而开始对政府的环境规制决策施加压力。与此同时，人们对实施环境规制、治理工业污染可能对产业绩效和技术变迁等带来的影响，也给予了积极关注。总体来看，环境规制对技术变迁的作用途径有三：促进机器设备的更新及先进技术的引进、加快绿色环保技术的扩散与应用、刺激企业的技术创新。总体来看，学者们对环境规制影响技术创新的探讨经常是与环境规制对产业绩效的相关研究交织在一起的。

2.2.1.1 新古典主义“传统”假说：制约论

新古典环境经济学的传统主义者认为，环境规制的目的就是纠正负的外部性，使负的外部性内在化到产品的生产成本中去，纠正“市场失灵”。“传统”假说对于环境管制效应的分析往往基于静态标准，即在给定企业的技术、资源配置、消费需求都是固定的情况下，衡量环境管制对企业成本和收益的影响(Cropper and Oates,1992)。在这种静态模型的分析框架下，严格的环境规制将导致企业成本上升、降低其在国内外市场的占有率，进而损害企业竞争力。

布伦隆德等(Brannlund,et al,1996)以瑞典 1989 年和 1990 年 41 个纸浆与造纸企业为样本，采用规制与否的非参数 DEA 模型测算和比较了企业的利润变动，研究表明：在盛行的行政命令式环境规制下，一部分企业的利润不会受到影响；然而另外一部分企业的利润将显著下降。这说明严格的环境规制会导致企业的境况变坏。

格雷和沙德比利(Gray and Shadbegian,1995)利用美国 1979—1990 年 117 家纸浆与造纸企业、101 家石油提炼企业和 51 家炼钢企业的数据，对环境规制措施与全要素生产率之间的关系进行了考察。研究发现：污染治理成本与生产率之间存在显著的负向关系。1 美元减污成本的增加将导致造纸业生产率下降 1.74 美元，石油提炼业生产率下降 1.35 美元，炼钢业生产率下降 3.5 美元。其他环境管制措施，如执法力度、遵守标准的程度及排放强度对生产率的影响在不同行业间差距较大，但它们对生产率的作用方向却是一致的，即规制越多生产率越低。他们的研究表明：提高环境绩效并未给企业带来足以弥补遵循成本的收益。

巴巴拉和迈克康耐尔（Barbara and Mconnell，1990）对美国造纸业、化学制品业、石材、黏土及玻璃制造业、钢铁制造业、有色金属制造业 5 个严重污染产业的情况进行考察，研究结论表明：环境规制的直接影响为负，它将导致企业成本上升、却没有带来企业产出相应增加；环境规制的间接影响在不同行业间变化很大，有正、负或零三种可能性。总的来看，环境规制对全要素生产率的增长具有负向作用，20 世纪 70 年代这 5 个产业生产率出现 10%—30%的下降就是由其导致的。

2.2.1.2 "波特"假说：双赢论

与新古典主义"传统"假说不同，波特等（Porter，et al.，1991；Porter、van der Linde，1995）认为，竞争优势并非依赖于静态效率和固定约束下的最优化行为，而是来源于变动约束条件下企业的连续改进与创新能力，在对竞争优势动态考察的基础上，提出了著名的"波特"假说（如图 2.1）。

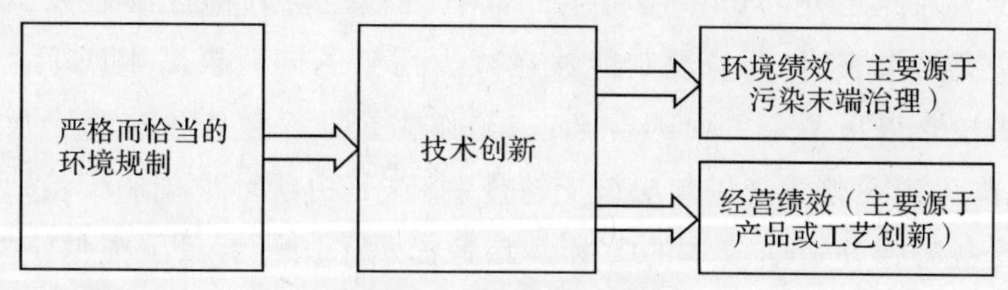

图 2.1 "波特"假说图示

"波特"假说的主要内容包括：严格、恰当的环境规制不仅会对环境绩效等社会公共福利产生"好"的外部性影响，也能够对企业个体产生积极的外部性影响；恰当设计的环境规制可以迫使企业改变生产工艺流程，减少资源投入、提升效率或生产新的适销对路的产品，刺激企业进行技术创新，以至于能够产生包括产品和生产工艺过程在内的创新补偿效应，进而达到帕累托改进或"双赢"的状态；东道国的环境规制压力会促使企业进行清洁生产和清洁产品的研发创新活动，而这类研发投入的增加将有助于研制降低污染排放及对现有污染问题进行处理的设备和技术等。

为了给“波特”假说寻求理论支撑，很多学者尝试着就环境规制如何能够降低成本、甚至达到环境与经济“双赢”的机制进行了探讨。其中，谢帕帕的斯和齐乌(Xepapadeas and Zeeuw，1999)提出了一个较有影响力的X—Z模型。在该模型中，考虑企业可以自主选择购买不同使用年限的机器，假设新机器比旧机器的生产效率更高、生产方式更清洁、价格也更贵，Xepapadeas和Zeeuw分析了环境规制的生产率效应(productivity effect)和利润—污染排放效应(profit-emission effect)。前者指的是，当污染排放税提高、环境规制强度日趋严格时，企业规模将缩小，资本存量的平均年限下降，并有利于资本平均产出效应的上升。后者指的是，严格的环境规制将导致利润水平和污染排放水平均下降。如果环境规制能够诱导、激发企业通过购买新的、更高生产效率的机器，进而改变资本存量的结构，相比较在其他情形下，环境规制的污染减排效应更高，对利润下降幅度的影响更小。X—Z模型的研究结果表明，加强环境规制依然会对东道国产业的利润水平产生负面影响，但两者之间的利害冲突并没有以往研究预计的那么糟糕，因为环境规制至少能够带来污染排放的下降。莫尔(Mohr，2002)遵循威尔科支特(Wilcoxen，1998)、Xepapadeas和Zeeuw(1999)的研究思路，假设新的生产资本比先前的资本产生的污染排放更少。除此之外，Mohr还将生产具有规模经济外部性的假设引入模型。研究结果表明，环境规制能够在减少污染的同时提高生产率。该模型至少蕴含以下两个方面的含义：一是作为企业个体来说也许会反对规制，但作为产业整体来讲却应该支持规制，这是由于环境规制带给产业的长期受益将弥补短期成本的上升。二是揭示了国际背景下类似于“蛙跳效应”的后发赶超现象出现的可能性，从一定程度上来讲，环境规制带给发展中国家的收益相对较大、并将为“波特”假说提供最强有力的证据。

支持“波特”假说的经验研究有：

兰珠和莫迪(Lanjouw and Mody，1996)从系统方法的角度，对环境规制与创新活动或技术扩散之间的关系进行了尝试性探讨。他们的研究结果表明：20世纪七八十年代美国、日本、德国的环保专利数量对污染减排费用支出的上升具有正向回应，本国的技术创新活动对其他国家的环境规制措施也会产生正向回应。然而，Lanjouw和Mody的研究仅仅分析了环境规制与环保技术创新之间的关系，没有控制其他变量的影响。

贾菲和帕默(Jaffe and Palmer,1997)以美国制造业 1975—1991 的区间数据为参照对环境规制与技术创新的关系进行了讨论。与兰珠和莫迪(Lanjouw and Mody,1996)的研究类似,Jaffe 和 Palmer(1997)使用污染减排成本作为衡量环境规制强度的指标。不同之处在于作者没有采用环保技术创新数据,而是以总的研究开发经费支出与总的成功专利申请数量作为技术创新的衡量指标。实证分析结果表明:在控制行业特征变量后,研发支出与污染治理成本之间呈现显著的正向关系,污染减排成本每上升 1%,研发支出增加 0.15%。他们没有发现专利申请数量与环境规制之间具有显著的正向关系。但布鲁纳梅尔和科恩(Brunnermeier and Cohen,2003)的研究说明,成功的环保专利申请数量与环境规制之间存在正向关系,虽然系数值较小但通过了显著性检验,即污染治理成本支出每增加一百万美元,则相应的环保专利数量将上升 0.04%。

有村(Arimura,2007)等使用 7 个 OECD 国家 2003 年的环保政策、环保研发支出、环保绩效和商业绩效方面的数据研究发现,环境规制与环保研发投入之间存在显著的正向关系。Horbach(2008)使用德国企业层面的数据对环保创新的决定因素进行了实证分析,研究表明环境规制、环境管理工具与组织的变革及改善对环保创新都有明显的促进作用。

穆尔蒂和库马尔(Murty and Kumar,2003)采用印度 1996—1999 年 92 家制糖企业的面板数据对“波特”假说的“双赢”机会进行了实证检验。研究表明:随着环境规制、水资源保护强度的加大,企业的技术效率也将提高。

安伯等(Ambec et al.,2011)在哈佛大学商学院波特教授提出“波特”假说 20 年之际,通过对 17 篇经验研究文献的回顾,为“弱波特”假说成立找到了一些支撑证据,然而在这些研究中仅有 3 篇可以被认为是提供了支持“强波特”假说的证据①。值得注意的是,最近的相关研究比过去更倾向于支持“波特”假说,这一方面归功于随着时间的推移,环境规制的水平在不断提高,环境规制的手段更加基于市场基础、更少僵硬化;另一方面

① “弱波特”假说是指环境规制能够刺激创新,以至于能够部分弥补企业遵循成本的损失;“强波特”假说是指受规制企业能够较未受规制竞争对手最终获得更多的优势、取得更高的利润,也就是说环境规制激发的创新,能够完全抵消企业遵循成本的损失。

是在考虑到时间的滞后因素时，实证的结果会更多地支持“波特”假说(Lanoie et al.，2008)。

2.2.1.3 综合论

当市场条件改变，被规制企业与政府之间博弈条件或策略改变、企业创新环境、生命周期等影响企业的因素改变，环境规制机制或体制不同等，都可能使环境规制与企业竞争力在双赢与制约之间转化(张红凤等，2012)。正如贾菲(Jaffe，1995)等在《环境规制与美国制造业竞争力：证据告诉我们什么》一文中指出的那样，“正如我们只发现较少的证据支持‘波特’假说一样，同样只有很少或没有证据证实反对环境规制会刺激创新、提高竞争力，更多的是介于两种极端的观点之间。”

对“波特”假说的质疑主要体现在以下几个方面：(1)质疑“波特”假说适用性。帕默(Palmer，1995)等人认为，波特及其支持者采用大量的案例分析来证实其假设，研究结论具有较高的推测性和较大的偶然性。“波特”假说在某些特殊情况可能适用，但不能期望其在一般情况下都会有效，因此还需要更加全面、系统的分析。(2)质疑“波特”假说核心思想。贾菲等(Jaffe，1995)、Palmer(1995)等、辛普森和布拉德福得(Simpson and Bradford，1996)指出，企业作为完全理性的“经济人”个体，总会去追求利润最大化的各种决策，如果“波特”假说成立，即企业从事工业污染的治理成本不仅可以通过技术创新进行弥补，而且还有净利润产生，那么企业完全没有必要放弃实现利润最大化的机会，而非得借助政府的规制措施。(3)对“波特”假说主要内容的疑问。Jaffe(1995)等认为在现实经济世界中，企业忽略某种潜在的市场机会是难以避免的，但这并不代表企业存在普遍的非效率；如果必须由环境规制来刺激创新，再通过创新的补偿效应来抵偿投入成本增加的损失，企业为何不直接去从事产品生产与生产工艺过程的研发活动，而非得通过如此耗费成本的环境规制措施(Simpson and Bradford, 1996)?

辛克莱-得斯加(Sinclair-Desgagné，1999)认为“波特”假说从理论层面上说是存在的，除非坚持非常“狭隘”的新古典经济学观点。他把企业技术创新的类型分为渐进性创新、降低风险创新、突破性创新三种，“波特”假说能否成立，取决于企业追求哪种类型的技术创新。在实证研究方面，阿尔帕等(Alpay，et al.，2002)、拉诺瓦等(Lanoie，et al.，2008)、马宗达和马库斯(Majumdar and Marcus,1999)等分别从不同国别、不同产业以及不同的环境规制工具出发,探讨了环境规制对生产率影响的差异性。这也为综合论提供了经验证据的支撑。

2.2.2 针对中国的相关研究

对于环境规制是否刺激了中国企业的技术创新能力、提升了产业绩效并使它们变得更有竞争力,目前国内的相关研究起步相对较晚,并且主要采取调查法、案例剖析以及逻辑推导的规范研究手段展开论述。

2.2.2.1 环境规制对技术创新绩效的影响

许庆瑞等(1995)通过面谈对江浙 50 余家企业 62 项环境技术逐一进行案例剖析发现:政府政策法令的强制是企业外部环境技术创新最重要的动力源(占 38.6%),而公众舆论压力以及排污收费等经济刺激手段对企业技术创新的激励作用有限,分别占 6.5%及 1.6%。为此,作者提出通过建立健全环境技术创新激励系统、增强企业环境技术创新动力的对策措施。

张其仔等(2006)在对中国“十五”期间工业污染防治情况进行对比分析后发现:目前中国的工业发展与环境保护关系尚未跨越倒“U”曲线的顶部,排污强度不降反升。主要原因之一就在于环境保护与科技创新政策缺乏有效整合,单位工业产值污染排放强度的下降主要是通过提高低污染密集度产业的比重来达到的,而不是通过科技进步降低高污染密集型产业污染密集度来实现的。为此,笔者建议在环境规制政策工具的选择中,应尽可能选择促进科技创新的政策,并充分发挥市场诱因的调节作用。

黄德春和刘志彪(2006)以海尔为典型案例,对其通过技术创新、从遵守标准到制定标准、构建竞争优势的历程进行了深入剖析。他们的研究表明:恰当的环境规制不仅可以改善环境质量,而且能够通过挖掘市场需求提高企业利润;企业的竞争优势不再表现为资源禀赋上的差异,而是取决于动态技术创新能力的形成。

王俊豪、李云雁(2009)在对浙江纺织行业 78 家企业进行问卷调查的基础上,根据企业应对环境规制上的战略差异将企业区分为“主动型”与“防御型”两组,研究结果显示“主动型”企业较“防御型”企业更倾向于实行绿色工艺或推崇绿色产品的创新行为。

赵红(2008)利用1996—2004年中国30个省市工业企业的面板数据，实证分析了环境规制对研究与开发经费投入(R&D)强度与专利授权数量的影响，研究表明环境规制在一定程度上促进了中国企业的技术创新。

江珂(2009)采用发明专利作为技术创新的衡量指标，同样得到了与之类似的结论。此外，他还考察了环境规制对区域技术创新能力影响的区域差异，结果证实环境规制对东部有显著的正影响，对中部、西部、东北各区域技术创新的影响不明显。

2.2.2.2 环境规制对生产率的影响

吴军等(2010)将环境因素纳入全要素生产率(Total Factor Productivity，TFP)的测算框架，测算了2000—2007年中国三大区域的TFP、生产效率与技术进步指数，研究表明：在控制SO_2和COD排放后，全国TFP增长率不到传统TFP增长率的1/3；环境控制下TFP增长由高到低依次为西、东、中部；未考虑环境因素时为东、中、西部。张夏、胡益鸣(2010)测算了1991—2005年中国28个省是否考虑SO_2排放管制下的技术进步指数，研究结果显示：考虑环境管制后我国省际平均技术增长率为0.25%，高于不考虑环境因素下的技术增长率。

王兵、王丽(2010)的研究表明：环境约束下东部工业全要素生产率最高，西部次之，中部最低；人均GRP、FDI、工业结构、能源结构、人口密度对技术效率和全要素生产率有不同程度的影响。

张成、陆旸等(2011)通过构造数理模型证明环境规制与生产技术进步之间存在“U”形关系，采用1998—2007年的省际面板数据实证检验表明东、中部地区环境规制与技术进步率之间确实呈现“U”形关系，但在西部地区这种关系尚不明确。

李玲、陶锋(2012)将制造业分为重度、中度和轻度污染产业，测算了1999—2009年三大类产业的绿色全要素生产率，并利用面板模型检验了环境规制强度与绿色TFP的关系。研究结果证实：在重度污染产业中，环境规制强度与绿色TFP、技术进步与技术效率的关系符合倒“U”形；而在中、轻度污染产业中，环境规制强度与三者之间呈现“U”形关系。

2.2.3 研究评价

综观国内外环境规制与技术创新的相关研究，存在或尚未解决的主要问题有：

(1)近年来有关环境规制与技术创新的理论分析以及对实践问题的探讨取得了较丰富的成果，但对于环境规制影响技术创新的机理及实证研究尚需不断深入；

(2)在以中国为剖析对象、对环境规制与技术创新进行的研究中，鲜有学者将中国参与新型国际分工这一现实背景纳入分析框架，对这一主题的研究也大都仅限于环境规制与技术创新绩效的探讨，而对环境规制与绿色全要素生产率的分析相对较少，有关环境规制与技术创新效率的变动研究更是尚未见到。研究维度上的缺失，可能使得研究的系统性、完整性受到影响，并给相关政策建议的执行带来难度。

2.3 垂直专业化、环境规制与技术创新研究的新进展

2.3.1 环境、环境规制与贸易方式

根据外部性理论的阐述，只要对环境的损害没有内在化到生产成本中去，那么现有的资源配置就不是最优的。这意味着在一个开放的经济体中，原有的专业化分工模式也可能并非最优。假定上述的情况成立，那么环境规制能否通过作用于生产成本、改变比较优势，进而对一国的国际分工与贸易产生影响？这也构成当前环境与贸易关系研究的主线之一。

传统的国际分工理论(如绝对优势理论、比较优势理论与要素禀赋理论)并没有把环境资源作为一种独立的要素禀赋加以考虑。只是近些年来在有关贸易的理论文献中，环境才被当作是第三种要素禀赋开始引入。如果一个国家拥有相对较高的自净能力①，那么这个国家的环境资源相对丰富。正如布兰克赫斯特(Blackhurst，1977)指出的那样，自净能力的高

---

① 环境的自净作用，是环境的一种特殊功能。受污染的环境，经过一些自然过程及在生物参与下，都具有恢复原来状态的能力。环境自净能力指的是自然环境可以通过大气、水流的扩散、氧化以及微生物的分解作用，将污染物化为无害物的能力。

低不仅与水、空气和土地自身吸收废物的水平有关，也与社会对污染排放的容忍度有关。

20世纪70—80年代，许多学者如西伯特(Siebert，1977，1985)，帕斯(Pethig，1976)，麦圭尔(McGuire，1982)，鲍莫尔和奥兹(Baumol and Oates，1988)开始关注环境规制对贸易模式的影响。Sibert(1985)将上述文献中有关环境政策与产业比较优势之间的关系做了如下归纳：(1)假定两个不同的国家对一特定产品拥有相同的生产、污染及减排效用函数，区分以下两种不同的情形：在自由贸易条件下，拥有相对较高自净能力的国家将更多地专业化于污染密集型产品的生产；在自给自足的封闭经济条件下，一国环境对污染的吸收能力越高，其在污染密集产品生产上将越具备价格优势，如果污染的成本没有内在化，那么这种价格优势就将被夸大，并导致该国更多地专注于这种产品的生产；(2)如果环境要素禀赋丰富的国家单边实施环境规制，该国生产者的污染适应成本将被迫抬高，并导致其原有产品的相对价格优势遭受侵蚀。也就是说，环境要素稀缺国家的区位劣势有望得到缓解，它们也将增加污染密集型产品的生产，从而使得原有的专业化分工方式发生改变。

值得一提的是，Sibert只是探讨了单边规制政策对国际贸易的影响。假定两国都采取了合理的环境规制措施，并促使产品生产成本中包含污染的真实代价，那么可以预见的是世界市场上污染密集型产品的产量将下降。进一步分析，两国合理的环境规制措施应该能根据贸易伙伴间相对自净能力的不同，促使国际专业化分工与贸易模式做出相应改变。

近年来随着国际垂直专业化的发展以及人们对环境问题的日益重视，关于“能否通过降低环境标准提升产业比较优势”的争论日趋激烈。“污染避难所假说”认为，本国严格的环境规制将导致污染密集型产品比较优势的丧失；而根据“波特假说”，一国严格的环境规制能够刺激企业进行产品、生产工艺等环节的创新，并且在环境友好型产品上产生比较优势。与之相对应，不同学者从经验研究角度分析得出的结论不尽一致。

卢卡斯等(Lucasetc，et al.，1992)发现20世纪60—80年代当OECD国家的环境规制措施加强时，同期发展中国家污染密集度出现较快增长。玛尼和惠勒(Mani and Wheeler，1998)检验了1960—1995年间污染产业的进出口比率，并找到了支持“污染避难所假说”的证据。莱文森和泰勒

(Levinson and Taylor,2001)、埃德林顿和米尼尔(Ederington and Minier,2003)认为,环境规制可以被当成是保护国内产业的另外一个贸易壁垒或手段。也就是说,规制的严格程度可以看作是贸易的一个函数;与此同时,贸易也可以看成是规制的一个函数。当环境规制被看作是影响贸易的内在变量时,他们发现美国的环境规制措施影响了美国的国际分工与贸易模式。埃利斯塔和弗雷德里克松(Eliste and Fredriksson,2002)构建了一个基于生产者环境规制成本补偿的理论模型,研究结果表明:对生产者实施补贴将使得环境规制对产出以及贸易流向的影响中性化,采用美国农业部门数据的经验检验同样证实,环境规制与农业部门获得的补贴之间存在正向相关性。

与上述研究结论不同,托比(Tobey,1990)和亚尼克等(Janicke etc.,1997)发现:没有证据表明一国的环境规制是影响其污染品净出口的决定性因素。类似的,许和宋(Xu and Song,2000)采用发达国家 20 世纪 60—90 年代环境敏感产品的进出口数据研究表明,环境规制并没有对包含环境要素在内的贸易方式产生影响。令人关注的是,科尔和埃利沃特(Cole,Elliott,2003)采用 1995 年 60 个发达国家与发展中国家的数据,分别在传统比较优势框架与新贸易理论框架下检验了环境规制对贸易模式的影响。他们研究发现:在基于传统比较优势的 HOV 模型中,一国的环境规制与该国污染密集型产业的净出口量之间没有呈现统计上的显著关系;与 HOV 模型不同,新贸易模型更多地关注了双边贸易以及产业内、产业间贸易在总贸易中的份额;基于新贸易模型的研究证实,两国之间环境规制严格程度的不同影响了它们之间的贸易结构。

近年来在环境与贸易关系的另一条研究主线中,学者们开始关注贸易对环境后果影响的研究,并形成了“贸易有害论”(Chilchilnisk,1994;Daly、Goodland,1994;Copeland、Taylor,1997)与“贸易有益论”(Frankel、Rose,2002;Antweiler、Copeland 、Taylor,2001)两种截然不同的观点。与此同时,政府出于对“生态倾销”的担忧,倾向于降低本国相关产业的环境标准,以提升其国际竞争力。但有关“生态倾销”假说的观点受到越来越多学者的质疑。除了前文提到的“双赢论”假说外,还有一种质疑从“要素禀赋论”出发,认为影响企业竞争力的因素中包括人力成本、资金成本以及运输成本与管理运营成本等,环境成本在总成本中所占的比重不大,仅仅依靠环境标准的降低难以对产业竞争力的提升起到决定性的作用。

2.3.2 环境规制、垂直专业化与技术创新

在增长、贸易和环境的相关研究中，诺德豪斯(Nordhaus，1994)做出了开创性的贡献，他提出了一个融合气候变化和经济增长的动态综合模型，也叫作“DICE”模型，这成为后来很多环境经济学文献经验研究的基础。在规范分析的另一个分支中，格洛弗等(Glover，et al.，2011)在一个外源性技术和可耗尽资源的模型中探讨了最优环境政策问题，研究表明：对于能源消耗和相应的气候变化而言，最优的政策选择应该是在一段时间内逐步减少资源税的征收。阿西莫格鲁等(Acemoglu，et al.，(2012)在环境约束下构建了一个内生和偏向型技术进步的增长模型，模型中技术创新是由科学家而不是由企业来完成，由于创新具有“状态依赖”特征，一个部门的技术进步将给另外一些高利润或高效率的部门带来更大的技术进步，为了实现可持续增长，最优的政策应该是碳税、对清洁技术创新补贴和使用清洁机器设备补贴的结合。

崔和季(Cui and Ji，2011)在环境约束下将阿特基森和伯斯坦(Atkeson and Burstein，2010)关于异质性企业与内在创新活动的基本模型拓展到清洁型与污染型两大部门，每一部门使用国内或进口的中间品投入来生产最终产品。在部门内部，每一中间产品的生产企业拥有特定的生产率，并面对四种类型的成本，分别为固定的进入成本、固定的运营成本、出口成本和技术创新成本。企业在观察到这些成本和生产率信息后，做出进入、退出、出口和技术创新的决定。采用美国数据的数值模拟结果表明：在两部门环境规制对称性加强的情况下，进入清洁部门的企业数目会增加，而进入污染部门的企业数会减少；污染部门企业的生产率会下降，而清洁部门企业的生产率会上升；清洁的中间品投入降低了交易成本，有利于促进清洁部门企业的 R&D 活动；与之相反，污染密集型的中间品投入增加了交易成本，对污染密集企业的 R&D 活动起到负面作用。

克莱门斯(Clemenz，2012)构建了一个基于理想种类方法①的产业内贸易模型，对“波特”假说有效成立的条件进行了探讨。研究结果显示：当

---

① Hotelling(1929)的空间竞争模型中提出这种方法。

环境规制能够引导消费者的行为、增加消费者对“绿色企业”产品的购买量时，或当环境规制引致的R&D活动有助于企业利用范围经济增加过程创新的成功概率时，“波特”假说是能够成立的。

2.4 总结性述评

垂直专业化背景下环境规制的技术创新效应研究是学术界比较关注的热点问题，前期学者们围绕垂直专业化、环境规制与技术创新之间的两两关系进行了积极探讨，丰富的理论与经验研究成果为后续研究的顺利开展做出了非常重要的铺垫。针对本书的研究主题目前存在或尚未解决的主要问题有：

（1）对垂直专业化背景下环境规制的技术创新效应尚未提出合适的理论分析框架，对技术创新效应的内涵界定不够完整、系统，有关环境规制对技术创新生产及其经济效应的作用机理研究尚需不断深入。

（2）由于中国投入产出表的公布是不连续的，加上企业层面环境成本及污染数据的获取比较困难，有关垂直专业化背景下环境规制对技术创新影响的相关研究仍然以定性分析为主，定量分析相对较少，并且在已有的定量分析中从行业特征、地区差异角度考察环境规制技术创新效应的研究尚不多见，致使相关的对策建议针对性不强。

（3）对垂直专业化分工背景下，如何利用中国发展低碳经济的有利契机、选择适当的环境规制工具、提高环境规制的执行力，发挥环境规制对技术创新的积极效应，尚未形成一个科学、合理的评价体系。

因此，本书在垂直专业化视角下构建了一个环境规制影响技术创新的经济模型，在此基础上，将环境规制的技术创新效应区分为对技术创新生产本身、技术创新经济效应的影响两个层次，并分析了其内在的作用机理。然后以中国制造业为研究对象，从行业特征差异视角分析了垂直专业化与环境规制各自对企业技术创新绩效、绿色全要素生产率的影响，从地区差异视角分析了垂直专业化与环境规制对技术创新效率的影响。除了考察环境规制强度外，我们还探讨了不同类型的环境规制工具对技术创新的激励效应问题，并就垂直专业化背景下以环境规制激励技术创新、推动产业转型升级、实现经济可持续发展提出了相应的政策建议。

第3章

环境规制影响技术创新的理论研究

20 世纪 70 年代以来随着经济全球化的深入发展，各国的生产者出于最大限度降低生产成本与交易成本的目的倾向于在全球范围内配置生产要素。在这种背景下，垂直专业化的分工模式日趋流行，并带动中间品国际贸易迅速增长。一个重要的特征就是，以零配件等为主要内容的中间产品贸易额已经占到全球贸易额的 50%以上(Markusen，1989)。发达国家由于劳动力成本昂贵、环境规制力度较大，但技术上具有比较优势，他们将研发和营销等技术密集型的工序保留在母国，而将劳动密集型工序向发展中国家外包，这样既保持了对全球价值链的控制地位，又对外转移了生产中的污染工序。因此，对于广大发展中国家来说，如何在与发达国家的分工协作中控制污染转移、提升技术创新能力并促进产业向技术、附加值高的工序环节攀升，已成为其经济能否实现可持续发展的关键问题之一。

本章将基于国际垂直专业化视角，探讨环境规制影响技术创新的内在机理。回顾有关环境规制与 R&D 活动的相关研究，大致可以分为两大类：一类是按照微观经济学的分析方法，尤其是产业组织理论，采用博弈论对均衡状态下企业的战略行为进行探讨；另一类是遵循内生增长理论的分析框架。在内生增长模型中，刻画了技术创新的两种形式：一是中间产品种类扩大的水平创新(Romer，1990；Grossman & Helpman，1991a)；二是产品质量提高的垂直创新(Aghion & Howitt，1991)。本章出于模型简化的目的，假定每种中间产品包含一定的技术含量，以中间产品种类作为知识存量的主要载体，并构建了产品内分工背景下环境规制影响技术创新的经济模型。在这一分析框架下，假定最终产品是由一系列中间产品进行加工生产得到，而中间产品可以分为清洁型和污染型两种类型组别，所需要探讨的是在中间产品自由贸易的情况下，增加环境规制程度(比如提高环境税)将对生产者在两种中间产品上的资源配置产生何种影响，并进而判断其对技术创新的作用方向。

3.1 垂直专业化视角下环境规制影响技术创新的理论模型

假定世界上有发展中国家和发达国家两个国家，分别生产 Y 和 Y^*

单位的同质性最终产品。整个生产过程分为两个阶段。在第一个阶段里，中间产品是在垄断竞争型市场环境下由劳动力一种要素进行生产得到，由于国际垂直专业化分工的存在，生产出来的中间产品可以在两国间进行自由贸易。在第二个阶段里，最终产品由中间产品组合起来生产得到。遵循埃斯尔（Either，1982）对生产函数形式的设定，我们假定最终产品的产出与所使用的中间产品的种类数之间呈报酬递增趋势。为了便于分析，将不同种类的中间产品分别划分为两组 $i=1,2$。其中，组别 1 中间产品（污染型）在最终产品生产中的使用将产生污染，并对消费者效用产生负向影响；而组别 2 中间品（清洁型）则刚刚相反，它的使用不会产生任何污染。此外，我们还假设最终产品在两国之间是不能交易的。

本章模型构建的思路是基于以下三个方面的考虑：一是在国际垂直专业化分工下的中间产品贸易发展迅猛（Sanyal & Jones，1982）；二是产品种类是企业从贸易中获利以及劳动生产率提升的重要因素（Feenstra & Kee，2004）；三是企业可以通过使用低污染密集型的中间产品减少最终产出中的污染排放。我们借鉴 Cui 和 Ji（2011）、贝纳罗奇和韦德（Benarroch and Weder，2006）的研究思路，并做出如下改进：首先，与 Cui 和 Ji（2011）仅考虑一种中间产品的两部门模型不同①，本章构建模型在两阶段生产的分析框架下探讨了环境规制对两组中间产品生产的影响。其次，在污染函数的设定过程中，考虑到“三废”处理及综合利用率对污染排放的影响，以使模型结果更加吻合现实情况。

3.1.1 生产技术

第二阶段中的最终产品生产是在完全竞争情形下采用 C—D 生产函数形式：

① Cui Jingbo 和 Ji Yongjie (2011) 在环境约束下将 Atkeson 和 Burstein(2010) 的基本模型拓展到清洁型与污染型两大部门，采用美国数据的数值模拟结果表明：在两部门环境规制对称性加强的情况下，进入清洁部门的企业数目会增加，而进入污染部门的企业数会减少；污染部门企业的生产率会下降，而清洁部门企业的生产率会上升；清洁的中间品投入降低了交易成本，有利于促进清洁型企业的 R&D 活动；与之相反，污染密集型的中间品投入增加了交易成本，对污染密集企业的 R&D 活动起到负面作用。

$$Y = X_1^{\alpha} X_2^{(1-\alpha)} \quad (0 < \alpha < 1) \tag{3.1}$$

其中，Y 为最终产品的数量，X_1，X_2 分别为两组中间产品 x_{1j}，x_{2j} 的加总数量，并对称性地进入生产函数。根据 Either(1982)，我们将中间产品的生产函数构造成 CES 形式：

$$X_1 = \Big[\sum_{j=1}^{n} x_{1j}^{(\sigma-1)/\sigma}\Big]^{\sigma/(\sigma-1)} \text{ 和 } X_2 = \Big[\sum_{j=1}^{m} x_{2j}^{(\sigma-1)/\sigma}\Big]^{\sigma/(\sigma-1)}, \sigma > 1 \tag{3.2}$$

σ 为中间产品的需求价格弹性系数，是固定不变的。方程(3.2)能够确保最终产品的产出对于每一种中间产品的数量 x_{ij} 规模报酬不变，但对于种类的数目 n，m 是规模报酬递增的。

第一阶段中的中间产品生产，即相当于研发部门的生产是在垄断竞争情形下进行，并且具有规模报酬递增的特点。与 Krugman(1980)类似，假设在中间产品生产中只使用劳动力一种生产要素，劳动力在国内是可以自由流动的。两组中间产品以劳动力单位表示的成本函数为：

$$l_{ij} = a + bx_{ij}, \ i = 1,2 \tag{3.3}$$

l_{ij} 为 i 组中第 j 种中间产品生产中使用的劳动力数量，a 是固定成本，b 是不变的边际成本。假定每种中间产品的成本函数相同，垄断竞争使企业实现边际成本加价，即：$wb = p_i(1-1/\sigma)$，w 是工资率，p_i 是中间产品 x_{1j}、x_{2j} 的价格。利润最大化条件下中间产品的垄断定价表示为：

$$p_{ij} = wb(\sigma/(\sigma-1)) \tag{3.4}$$

在标准的 D—S 模型中，自由进入和规模报酬递增使得企业的均衡利润为零。我们令代表性企业的利润为零，并将式(3.4)代入，得到 $\pi_{ij} = wb(\sigma/(\sigma-1))x_{ij} - w(a+bx_{ij}) = 0$。由于所有的中间产品生产部门面临相同的成本函数和替代弹性，则可以通过利润方程求解出每种中间产品的产出数量为：

$$x_{ij} = (\sigma-1)(a/b) \tag{3.5}$$

式(3.4)和式(3.5)给出了中间产品的价格和产出水平。后文中为了简洁，我们把 p 和 x 的下标省略，即：$p_{1j} = p_{2j} = p$，$x_{1j} = x_1$ 和 $x_{2j} = x_2$。

3.1.2 消费偏好

假设代表性消费者的效用函数表示为：

$$U = \frac{(Y/L)^{1-\delta} - 1}{1-\delta} - \beta Z \ (\delta > 1, \beta > 0) \tag{3.6}$$

其中，β 为污染的边际负效用参数，δ 为人均消费的边际效用弹性，Z 为污染的排放量。另外，假设消费者将全部收入用于最终产品的消费，预算约束函数表示为：

$$wL + \gamma Z = PY \tag{3.7}$$

P 是最终产品的价格。总收入由两部分构成：一是劳动收入 wL，二是环境税收入 γZ，这部分收入被政府征收后全部返还给消费者。环境税率 γ 是衡量环境规制力度的指标，主要针对第二阶段最终产品生产中产生的污染征税。假定满足完全信息条件，即企业能够获知到在最终产品生产中使用组别 1 的中间产品会因产生污染而被政府加以课税。

3.1.3 污染函数

工业生产中的污染排放不仅与中间产品的投入、最终产品产出有密切关系，而且还受到“三废”处理及综合利用率等因素的影响。作为衡量“废水、废气、固体废物”处理利用和达标率的一个重要指标，“三废”处理及综合利用率的高低通常与所在企业的环境保护意愿、环保型新工艺、新技术、新材料及新设备的利用与改造和中间产品有效利用率等方面密切相关。根据上文的分析，我们将模型中的污染函数表示为：

$$Z = n^{\sigma/(\sigma-1)} x_1 e^{-\theta} \tag{3.8}$$

其中，n 是在最终产品制造中使用的能够产生污染的中间产品种类数。$e^{-\theta}$ 是污染的排放因子，θ 为“三废”的处理与综合利用率，也可以理解为废气、废水、固体废弃物在产生出来后被去除以及回收利用的水平，满足 $\frac{\partial Z}{\partial \theta} < 0, \frac{\partial^2 Z}{\partial^2 \theta} > 0$。

3.1.4 封闭经济条件下的均衡分析

3.1.4.1 中间产品的供给与需求

在封闭经济条件下，两种中间产品的需求数量根据最终产品利润最大化原则求得。根据(3.1)式生产函数，总成本分配给 X_1 的份额为 α，分配给 X_2 的份额为 $1-\alpha$。给定(3.7)式的预算约束函数，我们得到发展中国家 X_1 和 X_2 的需求函数表示为：

$$X_1^D = \frac{\alpha PY}{p+\gamma} = \frac{\alpha(wL+\gamma X_1)}{p+\gamma} \tag{3.9}$$

$$X_2^D = \frac{(1-\alpha)PY}{p} = \frac{(1-\alpha)(wL+\gamma X_1)}{p} \tag{3.10}$$

发达国家中间产品的需求函数可以用类似的方法得到。在成本函数相同的情形下,两个国家面临的需求函数形式是一样的,仅在环境税率、劳动力规模和中间产品数量上有所差异。

两组中间产品的供给函数依据式(3.2)、式(3.5)以及中间产品的种类数 n 和 m 推导而得。发展中国家中间产品的供给函数表示为:

$$X_1^S = n^{\sigma/(\sigma-1)} x_1 = n^{\sigma/(\sigma-1)} \frac{a}{b}(\sigma-1) \tag{3.11}$$

$$X_2^S = m^{\sigma/(\sigma-1)} x_2 = m^{\sigma/(\sigma-1)} \frac{a}{b}(\sigma-1) \tag{3.12}$$

发达国家的中间产品供给函数可以同样按照以上的方法得到。为了计算每种中间产品的种类数量,我们分别令 $X_1^D = X_1^S$ 和 $X_2^D = X_2^S$,并将式(3.4)代入,得到发展中国家均衡时的中间产品种类 $\bar{n}$ 及 $\bar{m}$:

$$\bar{n} = \left[\frac{\alpha Lp}{a\sigma(\gamma(1-\alpha)+p)}\right]^{(\sigma-1)/\sigma} \tag{3.13}$$

$$\bar{m} = \left[\frac{(1-\alpha)L(\gamma+p)}{a\sigma(\gamma(1-\alpha)+p)}\right]^{(\sigma-1)/\sigma} \tag{3.14}$$

为了探讨环境规制与两种中间产品种类之间的关系,我们将式(3.13)、式(3.14)分别对环境税率求导,容易得到:

$$\frac{\partial \bar{n}}{\partial \gamma} < 0 \text{ 和 } \frac{\partial \bar{m}}{\partial \gamma} > 0 \tag{3.15}$$

式(3.15)的经济含义表明:环境税率的边际增长,将导致污染型中间产品种类在最终产品生产中的使用减少与清洁型中间产品种类使用的增加,在其他条件不变时将降低总的污染水平。也就是说,严格的环境规制有利于清洁型生产及技术知识存量增加,而对污染型生产及技术知识存量具有负向影响。

3.1.4.2 污染的供给与需求

消费者在预算约束条件式(3.7)下实现自身效用式(3.6)最大化,可以容易地得到封闭经济条件下的最优环境税率 γ:

$$\gamma = \beta P Y^{\delta} L^{1-\delta} = \beta P Y \left(\frac{Y}{L}\right)^{\delta-1} \tag{3.16}$$

考虑发展中国家的预算约束函数：$wL+\gamma Z=I, I=PY$，污染供给函数 Z^S 可以表示为：

$$Z^S = \frac{(Y/L)^{1-\delta}}{\beta} - \frac{L}{\gamma/w} \tag{3.17}$$

污染供给是污染相对价格 γ/w 的增函数。当这个相对价格上升时，消费者愿意"补充"或承受更高程度的污染，因为在其他情形不变的情况下他们能够得到收入增加的补偿（γZ 和 I 上升）。与此同时，污染供给随着污染的边际负效用参数 β 的上升而下降。

污染需求与最终产品的生产有关，在均衡条件下有：$Z=n^{\sigma/(\sigma-1)}x_1e^{-\theta}$。依据式(3.13)、(3.5)和(3.4)，可以得到污染需求函数 Z^D 为：

$$Z^D = n^{\sigma/(\sigma-1)} x_1 e^{-\theta} = \frac{\alpha L}{(1-\alpha)\gamma/w + b\sigma/(\sigma-1)} e^{-\theta} \tag{3.18}$$

污染需求函数在参数 γ/w、b 和 θ 上都是递减的。这是因为：对于 γ/w 来说，相对污染价格的上升将促使企业在最终产品生产中更多选择用清洁型中间品来替代污染型中间品；对于 b 来说，边际成本的上升会降低中间产品的产出，这将限制其在最终产品生产中的使用，并削弱了对污染的需求；对于 θ 来说，污染处理与综合利用率的提高将对污染需求产生负向作用。污染需求函数在变量 α 和 L 上是递增的，α 的上升将导致最终产品生产愈加偏向污染密集型的模式，而劳动力 L 规模的扩大则增加了对最终产品和污染的需求量。值得注意的是，最优的污染排放水平和环境税率可以令污染供给和需求相等求解得到。

3.1.5 开放经济条件下的均衡分析

本部分我们将在开放经济条件下探讨环境规制对污染排放需求及产出的影响。

在贸易均衡的情形下，发展中国家与发达国家在世界市场上共同面临 $n+n^*$ 种中间产品 1 和 $m+m^*$ 种中间产品 2（n^* 和 m^* 分别为发达国家生产中间产品 1 和中间产品 2 的种类数）。设定对中间产品需求数量的份额与该国在总的中间产品生产种类中所占份额相等，即在发展中国家中间产品 1 和中间产品 2 的数量份额分别表示为 $n/(n+n^*)$ 和 $m/(m$

$+m^*$)。其中,清洁型中间产品种类份额与环境税率是正相关的,而污染型中间产品的则刚刚相反。与此同时,世界市场上每种中间产品的数量 $x=(\sigma-1)(a/b)$。这表明,在贸易均衡时每一组中间产品种类的需求总和,以污染型中间产品为例,两国间的总和 $x_{1j}^{T}+x_{1j}^{*T}$ 等于 $x((n/(n+n^*))x+(n^*/(n+n^*))x=x)$。

自由贸易均衡状态下,中间产品 1 和中间产品 2 的总和可以由式(3.13)、式(3.14)分别代入得到:

$$n+n^* = \left[\frac{\alpha L p}{a\sigma(\gamma(1-\alpha)+p)}\right]^{(\sigma-1)/\sigma} + \left[\frac{\alpha L^* p}{a\sigma(\gamma^*(1-\alpha)+p)}\right]^{(\sigma-1)/\sigma} \tag{3.19}$$

$$m+m^* = \left[\frac{(1-\alpha)L(\gamma+p)}{a\sigma(\gamma(1-\alpha)+p)}\right]^{(\sigma-1)/\sigma} + \left[\frac{(1-\alpha)L^*(\gamma^*+p)}{a\sigma(\gamma^*(1-\alpha)+p)}\right]^{(\sigma-1)/\sigma} \tag{3.20}$$

在贸易均衡状态下,污染排放的需求可以由式(3.13)、式(3.19)、式(3.4)代入污染函数求得:

$$\begin{aligned} Z^{DT} &= (n+n^*)^{\sigma/(\sigma-1)}\frac{n}{(n+n^*)}x_1 e^{-\theta} = (n+n^*)^{1/(\sigma-1)} n x_1 \\ &= \left(\frac{\alpha L b}{a(\sigma-1)[(1-\alpha)\gamma/w+b\sigma/(\sigma-1)]}\right)^{(\sigma-1)/\sigma} \\ &\left[\left(\frac{\alpha L b}{a(\sigma-1)[(1-\alpha)\gamma/w+b\sigma/(\sigma-1)]}\right)^{(\sigma-1)/\sigma} + \right. \\ &\left.\left(\frac{\alpha L^* b}{a(\sigma-1)[(1-\alpha)\gamma^*/w+b\sigma/(\sigma-1)]}\right)^{(\sigma-1)/\sigma}\right]^{1/(\sigma-1)} x e^{-\theta} \end{aligned} \tag{3.21}$$

在自由贸易条件下,发展中国家最终产品的产出 Y^T 可以表示为:

$$Y^T = \left[(n+n^*)^{\sigma/(\sigma-1)}\left(\frac{n}{n+n^*}x_1\right)\right]^{\alpha}\left[(m+m^*)^{\sigma/(\sigma-1)}\left(\frac{m}{m+m^*}x_2\right)\right]^{1-\alpha} \tag{3.22}$$

将 Y^T 与封闭经济条件下的 $Y^A=n^{\alpha\sigma/(\sigma-1)}x_1^{\alpha}m^{(1-\alpha)\sigma/(\sigma-1)}x_2^{(1-\alpha)}$ 相除,得到产出的相对比率:

$$\frac{Y^T}{Y^A} = \frac{\left[(n+n^*)^{\sigma/(\sigma-1)}\left(\frac{n}{n+n^*}x_1\right)\right]^{\alpha}\left[(m+m^*)^{\sigma/(\sigma-1)}\left(\frac{m}{m+m^*}x_2\right)\right]^{1-\alpha}}{n^{\alpha\sigma/(\sigma-1)}x_1^{\alpha}m^{(1-\alpha)\sigma/(\sigma-1)}x_2^{(1-\alpha)}} \tag{3.23}$$

为了将式(3.23)简化,令 $x_1 = x_2$,有:

$$\frac{Y^T}{Y^A} = \left[\frac{n + n^*}{n}\right]^{\alpha/(\sigma-1)} \left[\frac{m + m^*}{m}\right]^{(1-\alpha)/(\sigma-1)} \tag{3.24}$$

同理,可以得到 Z^{DT} 与 Z^{DA} 的比率:

$$\frac{Z^{DT}}{Z^{DA}} = \left[\frac{(n + n^*)}{n}\right]^{1/(\sigma-1)} \tag{3.25}$$

由式(3.24)、式(3.25),有:

$$\frac{Y^T / Z^{DT}}{Y^A / Z^{DA}} = \frac{Y^T / Y^A}{Z^{DT} / Z^{DA}} = \left[\frac{(m + m^*)n}{(n + n^*)m}\right]^{(1-\alpha)/(\sigma-1)} \tag{3.26}$$

根据式(3.13)、式(3.14)分别将发展中国家和发达国家均衡时的中间产品种类数量代入,得到:

$$\frac{m^* / n^*}{m/n} = \left[\frac{p + \gamma^*}{p + \gamma}\right]^{(\sigma-1)/\sigma} \tag{3.27}$$

由式(3.26)、式(3.27)可以看出,单位产出的污染需求在自由贸易条件下相对于封闭经济情形中的上升、下降或不变取决于发展中国家与发达国家相对环境税率的大小。当发展中国家的污染税比发达国家低时,即 $\gamma < \gamma^*$,那么有 $(m^*/n^*)/(m/n) > 1$ 和 $(Y^T/Z^T)/(Y^A/Z^A) > 1$,即发展中国家单位产出的污染需求是下降的。① 这是由于:在封闭经济条件下,较低的环境税率意味着最终产品生产中的使用的污染型中间产品的比例相对高于清洁型中间产品的比例。而在自由贸易的情形下,发展中国家能够方便地从世界市场上获取大量由发达国家生产的清洁型中间产品,并将自身生产的污染型中间产品出口到发达国家,因而导致两国中间产品的使用结构发生改变,即发展中国家在最终产品生产中的清洁型中间产品相对于污染型中间产品的比例比封闭经济条件下的更高,进而降低了单位产出的污染需求。而当发展中国家的污染税比发达国家高时,相关情形则刚好相反。

由式(3.21)可知:

---

① 本章的模型假定前提是污染仅在最终产品的生产中产生的,而对中间产品生产阶段中的污染问题并未加以考虑。而当污染是在中间产品生产阶段中发生时,如果各国的环境税率不同,那么环境规制力度低的国家可能在污染密集型产品上具有比较优势。假设最终产品的生产阶段不会产生污染,一国可能采取比他国更高的环境税率以避免成为污染的避难所。

$$\frac{\partial Z^{DT}}{\partial \gamma} < 0 \text{ 和 } \frac{\partial Z^{DT}}{\partial \theta} < 0 \tag{3.28}$$

将式(3.22)对 γ 求导,有:

$$\frac{\partial Y^T}{\partial \gamma} = Y^T[\frac{\alpha\sigma}{(\sigma-1)(n+n^*)}\frac{\partial n}{\partial \gamma} + \frac{\alpha(n+n^*)}{n}\frac{\partial(n/(n+n^*))}{\partial \gamma} + \frac{(1-\alpha)\sigma}{(\sigma-1)(m+m^*)}\frac{\partial m}{\partial \gamma} + \frac{(1-\alpha)(m+m^*)}{m}\frac{\partial(m/(m+m^*))}{\partial \gamma} + \frac{\alpha}{x_1}\frac{\partial x_1}{\partial \gamma} + \frac{(1-\alpha)}{x_2}\frac{\partial x_2}{\partial \gamma}] \tag{3.29}$$

出于简化目的,令 $n = n^*$, $m = m^*$,得到:

$$\frac{\partial Y^T}{\partial \gamma} = Y^T[\frac{-\alpha(1-\alpha)\gamma}{2(\gamma+p)[\gamma(1-\alpha)+p]}] < 0 \tag{3.30}$$

从式(3.28)和式(3.30)可知,在垂直专业化背景下环境规制强度 γ 的提升在减少污染排放的同时,也对企业产出产生影响①;与此同时,污染控制、治理及综合利用率指标 θ 的提高,还能对企业节能减排及投入品的有效利用产生积极作用。

总体而言,在新型国际分工背景下,环境规制对企业的污染需求、技术创新方向以及投入产出等方面都将产生一定的影响。为了更好挖掘环境规制影响技术创新的作用机理,本章将环境规制对技术创新的影响活动区分为两个层次:第一层次是环境规制对技术创新生产本身的影响;第二层次是环境规制对技术创新经济效应的影响。以上两个层次在现实经济运行体系中是难以绝对加以分割的。本章尝试着从理论上探讨环境规制对技术创新效应不同层次的作用机理,这对深入理解环境规制的内涵,促其发挥对技术创新和产业转型升级的作用意义重大。

---

① 根据本章的模型设定,在封闭经济条件下可以推导得到 $\frac{\partial Y}{\partial \gamma} = Y\left[\frac{-\alpha(1-\alpha)\gamma}{(\gamma+p)[\gamma(1-\alpha)+p]}\right] < 0$。环境规制强度上升在封闭经济与开放经济两种情形下都对企业产出产生负向作用,但权衡比较后发现其对后者的负面影响相对较小。适度的环境规制强度在短期内对企业产出产生负面影响,但在长期这种负向作用会逐渐减弱,并有可能通过创新补偿效应的发挥而对企业产出产生积极的正向作用。

3.2 环境规制对技术创新生产的影响

3.2.1 环境规制影响技术创新绩效的机理

根据式(3.15)有：

$\frac{\partial \bar{n}}{\partial \gamma}<0$ 和 $\frac{\partial \bar{m}}{\partial \gamma}>0$，

即严格的环境规制将导致企业对清洁型技术需求的增加，对污染密集型技术的需求减少，这为下一步技术创新的重点指明了努力的方向，也必将对创新资源的投向及创新产出的结构产生作用。但在现实经济中，企业到底进行何种形式的技术创新，还需要对该种技术研发的成本、污染削减成本以及研发收益等因素进行一个比较综合、全面的考量。

环境行政主管部门的人数、环境污染治理设施数及其运行费用、环境污染治理项目投资额与环境污染治理投资率等构成了环境规制成本的重要内容。它们在增加企业额外生产成本和费用的同时，对企业的研发投资具有积极的促进作用。也就是说，环境规制的直接效应是短期导致污染治理成本上升，并有可能挤占企业原来计划用于R&D活动的资金；间接效应是长期能刺激创新生产以达到降低可变成本的目的(如图3.1)。更进一步地分析，环境规制对技术创新投入、产出的积极作用主要体现为：影响企业研发投资决策；降低信息租金，激励企业加大研发投入；促进环境创新的国际扩散。

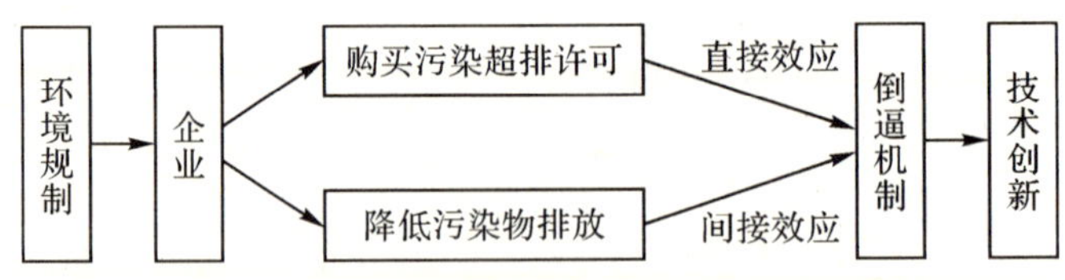

图3.1 环境规制影响技术创新绩效的传导机理

肯尼迪(Kennedy，1994)探讨了风险厌恶型管理者的研发投资决策。[①]

---

① 在Kennedy模型中，环境规制要求企业将生产投入 x 中的 α 份额用于减排活动。由于研发活动的边际价值依赖于生产投入的水平 $(1-\alpha)x$，因此环境规制能够影响管理者的投资决策。

由于研发项目的结果具有不确定性,企业管理者不会选择能使预期成本最小化的投资决策。当管理者在研发项目"好结果""坏结果"的比较中赋予"坏结果"更高的权重时,他有选择减少研发投资的倾向。但环境规制通过影响额外美元花在研发投资上的边际价值促使经理的决策接近于最优,即刺激企业进行一定程度的研发投资以达到预期成本最小化。安伯和巴拉(Ambec and Barla,2002)建立了一个基于再协商机制的委托代理模型,研究发现环境规制能够产生外部压力以消除管理上的惰性。在该模型中,经理(代理人)可以获取有关研发投资结果的私人信息。若研发项目成功就意味着这种新的、能够带来更具效率及更少污染的技术是切实可行的。为了鼓励经理(代理人)真实公布研发技术成本信息,股东(委托人)需要在经理(代理人)汇报信息时,设计一个奖金(信息租金)发放的补偿机制。对于委托人来说,这个租金是成本,它降低了研发中的投资激励。通过推导可以得到:环境规制能够降低信息租金,减少经理(代理人)在高水平技术研发的中私人剩余,进而在增加企业收益的同时提高研发投资水平。辛普森和布拉德福得(Simpson and Bradford,1996)通过一个战略型贸易模型证实,政府可以凭借实施严格的环境规制给国内产业提供战略优势。环境规制措施能够作为一种承诺工具来引导企业加大创新经费支出,以降低边际成本。当然,这种情形的出现需要满足比较具体的条件(比如成本函数的参数设定以及竞争对手的行为等)以获得与波特类似的结论。格拉克(Greaker,2003)的研究表明,如果环境规制能够将国内企业的部分可变成本转化为沉没费用,则对企业在国际市场上的竞争力提升具有积极的促进作用。安德列等(Andre,et al.,2009)的研究也显示,环境标准有助于企业克服市场协调上的失败。环境规制在发挥间接效应、通过外部的成本压力促进企业技术创新生产的同时,对环境创新的国际扩散也有积极作用。彭海珍(2009)提出,除了技术推动和需求拉动机制外,环境规制是影响环境创新的一个关键因素。她利用一个"领先—滞后市场模型"分析了环境创新发生的可能性以及环境创新国际扩散的可能性,并认为环境规制政策的国际扩散是环境创新领先市场的一个关键性要素。

此外,还有学者对在中国加强环境规制促进技术创新所需要具备的相关条件进行了探讨。如沈能、刘凤朝(2012)利用中国 1992—2009 年的地区层面数据验证了环境规制与技术创新之间存在“门槛效应”的事实，只有当环境规制强度和地区经济发展水平达到一定程度时，环境规制对技术创新的促进作用才会更显著，并且认为环境规制与技术创新之间存在“U”形关系。江珂、卢现祥(2011)利用中国1997—2007年29个省的面板数据分析了环境规制对技术创新能力的影响，研究表明环境规制必须与一定的人力资本结合才能发挥对技术创新的推动作用。张中元、赵国庆(2012)采用中国39个行业2000—2009年的面板模型发现，加强环境规制能提高FDI的技术溢出效应。对此，本章将采用中国27个制造行业面板数据，验证国际垂直专业化背景下进口中间品碳排放、环境规制对本土企业技术创新绩效的影响及其行业差异性。

3.2.2 环境规制影响技术创新效率的机理

环境规制不仅与技术创新的绩效有关，同时也会对企业的技术创新效率产生影响。目前国内已有的研究主要采用参数技术或非参数技术对技术创新效率进行测度，并分别从创新环境(张宗益、张莹，2008)、创新主体(白俊红等，2009)、人力资本积累(孙文杰、沈坤荣，2009)、企业规模及市场结构(白俊红，2011)等角度出发探讨了创新效率的影响因素。据我们掌握的文献分析来看，鲜有学者把环境规制作为影响企业技术创新效率的因素之一来展开研究。在垂直专业化引致的环境问题与技术升级问题日益突出的背景下，探讨如何实现环境改善与企业技术创新能力的提升日益引起了学界的充分关注。

环境规制作为应对市场失灵的一种社会性规制手段，在增加企业生产成本的同时，也通过改变生产要素及创新资源的配置对技术创新效率产生影响。具体来说主要体现在：

一是通过影响技术创新的决策过程对创新效率产生作用。[①] 比如较严格的环境规制对技术创新产生外部压力，阻止了企业通过避免环境投资获取竞争优势的可能，有利于营造一个公平竞争的市场环境。公平的竞争环境能够提升技术创新投资者与技术创新管理者进行研发投资的主

---

① 一般来说技术创新决策的内容包括研发决策、设计与试制决策、生产决策、销售决策等环节，技术创新成功率依赖于这些环节成功概率的乘积。

观能动性，促使他们更有效地进行创新资源要素（人力资本投入、物质资本投入）的配置，从而对技术创新效率产生积极作用。

二是环境规制的信息交流功能对创新效率产生作用。严格而有效的环境规制为企业提供了关于无效率可能产生的来源以及潜在的技术改进方面有益的信息，提示专业科技活动人员如何在研发过程中削减累赘的材料和减少不必要的产品组件，为产品研发设计和生产组织富有效率的运转指出了具体的改进方向。

三是通过影响市场需求对技术创新效率产生作用。适当严格的环境规制有助于企业在国际市场上获取先行优势，推动企业进入研发新技术的上游市场，并创造新的市场需求。在环保和节能趋势日益明显、消费者需求复杂多变的情形下，为了顺应绿色经济发展趋势，抢占技术的制高点并赢得市场先机，企业将致力摊薄研发成本、提升技术创新的效率。张宗益、张莹（2008）采用中国 2002—2006 年 31 个省市的面板数据模型证实，市场需求每上升 1 个百分点，将引起区域技术创新效率提高 0.162 个百分点。

四是通过设置绿色进入壁垒、影响产业集聚，进而对技术创新效率产生作用。严格的环境规制水平一方面通过“关停并转”迫使污染排放不达标的企业退出市场，另一方面促使行业内现有企业向特定区域聚集，这样方便企业通过联合购买、共享污染处理设施的办法以达到满足排污标准、降低排污费用的目的。张成、于同申（2012）利用中国工业部门 1996—2006 年的面板数据研究发现，在控制相关变量时环境规制水平的提升将对产业集中度水平产生显著的正向推动作用。而产业集中度的提升是否有利于技术创新效率的改善，目前的研究尚未得出一致性的结论。① 段会娟（2011）采用中国 2000—2007 年省级制造业样本数据的 GMM 模型研究表明，产业集聚将促进区域创新效率的提升。金祥荣、余冬筠（2010）的研究证实区域行业集中度指标对东部地区创新效率呈现显著的负向作用。彭向、蒋传海（2011）采用动态面板数据模型对中国 1997—2007 年的工业数据分析后发现，MAR 外部性与 Jacobs 外部性对地区产业创新的

① Glaeser 等（1992）将集聚对知识溢出与创新的影响归纳为 MAR（Marshall-Arrow-Romer）效应和 Ja-cobs 效应。前者认为专业化（衡量产业集中度的重要指标）将促进同一行业内企业间的知识溢出，对创新效率的提升有利；与之相反，后者认为重要知识的传递大多发生在互补性的产业间和差异性的企业间，即多样化对技术创新效率更有利。

影响都显著为正，但在影响程度上存在差异。

为了对环境规制影响企业技术创新效率的机理进行验证，我们在规模报酬可变的条件下，构建网络 DEA 模型，测算了 2002—2008 年中国大中型工业企业的技术创新效率，并以中国三大经济区域面板数据实证检验了环境规制强度与企业技术创新效率的关系。在此基础上，通过构建中介效应模型，对环境规制—产业集聚—技术创新过程效率这条路径进行了验证分析。

3.3 环境规制对技术创新经济效应的影响

与技术创新生产不同，我们将技术创新经济效应界定为技术创新成果转换成经济产出的能力，主要表现为产业绩效的提升与生产方式的改变。环境规制的目的是促使企业预防和减少污染，这为企业在环境规制的外在压力下积极创新、寻求削减污染或消除污染、改善环境、使得生产富有效率并避免资源浪费提供了机会。为了探讨环境规制对技术创新经济效应的内在作用机理，我们假定环境质量的改善有利于生产率的提升①，并考虑如下生产函数：

$$Y = AE^{\eta}P^{\varepsilon}K \tag{3.31}$$

其中，E 表示环境质量，P 表示污染排放量，K 表示总的资本数量。根据生态系统的运动规律，令 $\dot{E} = N(E) - P$，这里 $N' > 0$。因此，环境规制对资本生产率的即期影响可以表示为：

$$\frac{dY_K}{d\tau} = AE^{\eta}P^{\varepsilon}\left(\eta\frac{\dot{E}}{E} + \varepsilon\frac{\dot{P}}{p}\right) = AE^{\eta-1}P^{\varepsilon}\left[\eta(N(E) - p) + \varepsilon\frac{\dot{P}}{p}E\right] \tag{3.32}$$

假定初始状态下 $N(E) = P$，那么环境规制将直接减少生产过程中污染排放作为生产要素投入品的使用（$\dot{P}/P < 0$），并降低资本的生产率；与此同时，环境规制使得环境的质量得到改善，将对资本生产率产生积极的正向作用［当 $N(E) - P > 0$ 时］。因此，当环境质量的这种外部性效应超过污染

① 斯马尔德斯（Smulders，1995）、罗森达尔（Rosendahl，1996）、卢比奥和阿斯纳尔（Rubio and Aznar，2000）在探讨环境规制政策与经济增长问题时，都作过类似的假设。

排放作为投入要素的作用时，资本生产率将呈上升趋势（即$\frac{dY_K}{d\tau}>0$）。

从更普遍的经济意义上解释，环境规制对技术创新经济效应的影响，取决于环境规制“遵循成本效应”与“创新抵偿效应”[①]力量之间的对比。也就是说，以技术创新为中介考察环境规制对产业绩效的影响存在一个权衡问题，即污染治理投资可能挤占技术创新活动支出，但有时两者之间可以相互促进，比如技术创新在降低“三废”排放量的同时，提高了产业的生产率及产品质量等。如图 3.2 所示：

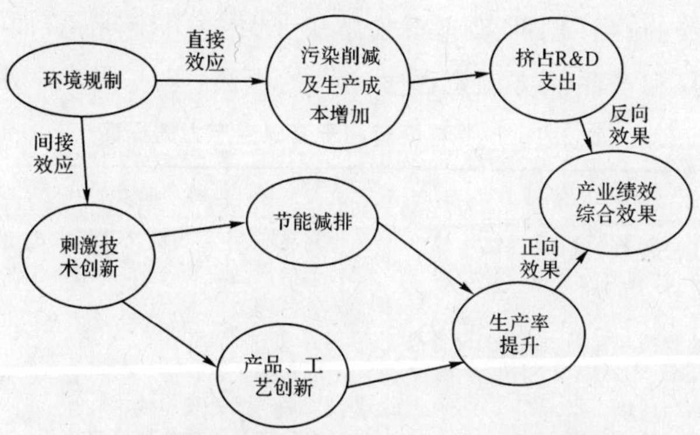

图 3.2　环境规制影响技术创新经济效应的传导机理

依照本章的考察重点，我们更加关注环境规制“创新抵偿效应”的发挥。归纳起来，这种效应对产业绩效的积极作用主要来自于以下两个方面：

第一是当污染发生时，能将成本降至最低的新技术与新方法，通常表现为企业控制与处理污染的经验的丰富和技巧的提高，这种类别创新的关键通常表现为在无法改变产品其他性能的情形下，以尽可能低的成本对造成污染的资源进行处理，并将它们转化为有价值的东西。一个典型的案例是，美国制造企业明尼苏达矿业制造公司（简称 3M）在 1975 年率先执行了一个“污染预防有报酬计划”。3M 因新法律规定，被迫降低 90％的溶剂挥发物，因而发明了一种能够避免使用溶剂且更安全的水性涂料。这家公司因此在与竞争对手的较量中，在产品发展上取得了波特提出的“先动优势”。后来，很多其他竞争者也都转向这种做法。不仅如

① 这里的创新抵偿效应与环境质量改善的外部性效应发挥的作用至少有两点是类似的：一是都要求实行节能减排；二是都对生产率提升产生正向作用。

此，由于水性涂料并不需要政府核准的程序，该公司因此还缩短了产品上市的时间。为了应对昂贵的危险废料处理费用，3M 专门为新批量的产品开发出了一套新的品质鉴定技术，这使公司每年在几乎不增加成本开支的情况下，削减了 110 吨的废料排放，每年为此节省了 20 万美元的成本（Boroughs 等，1991）。

第二是更有意义、更为重要的创新形态，其主要着眼于造成污染的根源，并将改善资源要素的生产力放在首位。这类创新经济效应的内容包括：更有效率地使用特定原料、重新设计产品、工艺和经营方式创新等。环境规制引致的这种创新效应不仅解决了环境污染难题，而且获取了来源于生产过程和产品两方面资源生产力的提高（见表 3.1）。

表 3.1　改善环境有利于资源生产力的提高

对生产过程上的好处	对产品方面的好处
①以更完善的生产过程、替代、再使用或生产投入品的回收，达到节约材料的好处； ②提高产量； ③通过更仔细的监控和保养，以减少设备故障时间； ④更佳的副产品利用率； ⑤将废物转换成有价值的形式； ⑥降低生产过程中的能源消耗； ⑦降低原料储存与处置成本； ⑧从更安全的工作现场条件节省成本； ⑨排除或降低涉及排放活动、废物处理、运输和弃置的成本； ⑩产品改良是工艺改变的结果（如更好的生产进程控制）。	①更高品质、更一致的产品形式； ②较低的产品成本（比如采用替代性材料）； ③较低的包装成本； ④更有效的资源利用； ⑤更安全的产品； ⑥较低的产品处置净成本； ⑦较高的产品再销售与废料价值。

资料来源：Porter M. E.，Linde C. Green and Competitive：Ending the Stalemate. Harvard Business Review，1995，28(6)：120—143.

从整体上来看，环境规制到底能在多大程度上影响企业绩效，不仅与环保法规有关，而且还受企业环境规制能力、企业特征、环境规制工具的选择等因素的影响。企业环境规制能力主要受自身污染控制意愿与污染减排技术两方面的支配，与各地对环境污染的容忍度、消费者对产品的偏好习惯、政府环境保护力度与企业的管理及运营能力等密切相关。屈小娥（2012）用二氧化硫去除率衡量企业环境管制能力的大小，并采用中国 1996—2009 的省级面板数据研究发现：企业环境规制能力对环境 TFP 具有积极作用，其对西部的影响最大，依次为东部和中部。企业特征不同，环境规制对其生产率的作用也存在差异。张三峰等（2011）利用中国 1000

多家中国企业的调研数据表明，不同规模、不同位置企业面对环境成本上升压力的消化能力存在差异。傅京燕(2009)以广东省 15 个产业为样本的研究也表明，产业污染排放强度与物质资本密度、人力资本密度及能源使用呈现正相关关系。此外，环境规制对产业绩效的影响还与环境规制工具的选择有关。环境问题本身的特点及其所处的经济、政治、社会环境在相当程度上决定了哪一种规制工具更有效。石磊、刘伟明(2012)通过拓展陈钊、徐彤(2011)的晋升锦标赛模型，对东部发达地区“腾笼换鸟”与中西部地区“承接转移”并存的现象进行了解释，并建议政府对处于不同发展阶段的地区采取差异化的政策，充分发挥比较优势，以实现经济的和谐、持续、稳定增长。方建香(2010)构建了一个和谐生态导向的企业价值模型，并通过数理推导与数字模拟发现，以征收生产税与加大污染税为主要形式的规制工具在刺激经济增长的同时更能减少污染。以江西重点调查产业为样本的研究结果表明，就环境保护与产业绩效共同提升的“双赢”状态而言，污染税费政策最优，污染治理投资次优(万建香，2011)。目前我国经济正处于转型升级的关键期，必须依靠技术进步、自主创新切实提高全要素生产率和产业竞争力。对此，本章利用 SBM 模型测算了中国 2002—2010 年 27 个制造行业的绿色全要素生产率，并以面板数据实证检验了国际垂直专业化过程中加强环境规制对绿色全要素生产率的影响，最后考察了环境规制影响绿色全要素生产率的行业差异性。

3.4 本章小结

最近十余年来，在国际垂直专业化分工日益成为国际分工主角的背景下，中国企业通过参与国际垂直专业化促进对外贸易迅猛增长的同时，其背后蕴藏的环境污染与技术升级等问题日益凸显。本部分首先在 Cui 和 Ji(2011)与 Benarroch 和 Weder(2006)研究的基础上，基于中间品贸易和两阶段生产视角构建了环境规制影响技术创新的理论模型，研究显示：加强环境规制强度对企业技术创新方向、创新资源配置以及最终产品产出的大小都产生一定影响。在此基础上，为了全面分析环境规制对技术创新的影响机理，本章将环境规制对技术创新的影响活动区分为两个层次，第一层次是环境规制对技术创新生产本身的影响，第二层次是环境规制对技术创新经济效应的影响。

对技术创新生产的评价主要包括技术创新绩效与技术创新效率两个方面的内容。从环境规制对技术创新绩效的影响机理来看，环境规制的直接效应是短期导致污染治理成本上升，间接效应是长期能刺激创新生产以达到降低可变成本的目的，另外本章还对环境规制促进技术创新的主要渠道及所需具备的相关条件进行了比较系统地探讨。从环境规制对技术创新效率的影响机理来看，环境规制主要通过改变生产要素及创新资源的配置对技术创新效率产生作用，具体体现为：影响市场需求，影响技术创新的决策过程，设置绿色进入壁垒，影响产业集聚以及为产品研发、生产提供有益的信息支撑等。

技术创新能力除了从技术创新生产本身进行评价外，还可以从企业或产业绩效以及生产方式改变等角度进行衡量。为了考察环境规制对技术创新经济效应作用机理，本部分引入一个包括环境质量、污染排放量与资本的三要素生产函数，并根据生态系统的运动规律进行变形，得到环境规制对资本生产率的即期影响表达式为 $\frac{dY_K}{d\tau}=AE^{\eta}P^{\varepsilon}(\eta\frac{\dot{E}}{E}+\varepsilon\frac{\dot{P}}{p})=AE^{\eta-1}P^{\varepsilon}[\eta(N(E)-p)+\varepsilon\frac{\dot{P}}{p}E]$，分析结果显示环境规制能够通过影响污染排放量与环境质量对资本生产率产生作用。然后从更普遍的经济学意义上，系统梳理了环境规制的“遵循成本效应”与“创新补偿效应”对产业绩效的综合效果，并探讨了其他因素如行业特征、环境规制工具、污染排放强度以及所处的经济、政治、社会环境等对产业生产率的影响。

第 4 章

垂直专业化、环境规制与本土企业技术创新绩效

《中华人民共和国国民经济和社会发展第十二个五年规划纲要》中明确指出:要健全节能减排法律法规和标准,强化节能减排目标责任考核,把资源节约和环境保护贯穿于生产、流通、消费、建设各领域各环节,提升可持续发展能力。因此,在国际垂直专业化的新型国际分工背景下,加强环境管制与提升企业技术创新能力和实现产业转型升级的目标是契合的。通过适度的环境规制,将国内相对高能耗、高污染的生产环节转移到国外,从国外进口 CO_2 隐含量相对较高的中间产品,促进本土企业的技术创新,不失为一条减少国内资源、能源消耗,优化产业结构与提升可持续发展能力的有效路径。因此,本章首先探讨了国际垂直专业化背景下污染工序环节的转移现象;其次基于垂直专业化分工的环境投入产出模型,测算了中国制造业 2001—2007 年单位出口产品中来自进口中间品的 CO_2 含量,并就进口中间品碳排放与环境规制对本土企业技术创新的绩效影响进行了实证检验。

4.1 垂直专业化的环境效应

4.1.1 中国的经验事实

我国自 20 世纪 90 年代以来,积极参与国际垂直专业化分工,凭借相对廉价的劳动力成本、完善的基础设施与优惠的政策扶持等优势,成为全球生产网络中的重要节点,并带动中间品贸易的飞速发展。其中,中间品进口总额自 1995 年的 639 亿美元上升为 2005 年的 3819 亿美元,中间品出口总额自 1995 年的 507 亿美元攀升为 2005 年的 3039 亿美元(钱学锋、陈勇兵,2009)。北京大学中国经济研究中心课题组(2006)采用 Hummels 等(2001)的方法测算发现,1992—2003 年间我国出口贸易中来自国外提供的中间品价值比率已经上升了 50%,从 1992 年的 14%上升为 2003 年的近 22%。我国对外贸易的迅猛增长在很大程度上都归功于国际分散化生产,即将生产过程分割成不相关联的前后工序环节,这些工序环节由不同的国家进行分工、组织生产完成(Dean 等,2008)。以国际垂直专业化的主要形式加工贸易为例,1995—2005 年间我国加工贸易(包括加工贸易出口、加工贸易进口)贡献了大约出口增长的 56%和进口增长的 41%

(Dean and Lovely,2010)。这种加工贸易中的很大一部分要归结于外商投资企业的推动,2005 年中国大约 84%的加工贸易出口和进口是由外商投资企业①完成的。Koopman 等(2008)考虑到加工贸易出口与一般贸易出口及国内消费的区别,提出了度量一国总出口中包含的国外与国内增加值份额的公式,在此基础上利用投入产出表与贸易统计数据重新测算了我国的垂直专业化水平(见表 4.1)。他们的测算结果显示,在我国正式加入 WTO 之前的 1997—2002 年间,我国制造产品出口中来自国外增加值的份额高达 50%左右,几乎为采用 HIY 方法计算结果的 2 倍,而在我国成为 WTO 成员 5 年后的 2007 年,这一指标的数值虽然有所下降,但仍然维持在 40%左右。因此,中国作为全球生产网络中的一个重要节点是毫无疑问的。

表 4.1 我国出口产品中国外与国内增加值的份额(%)

	HIY			KWW		
	1997	2002	2007	1997	2002	2007
全部产品						
国外总的增加值份额	17.6	25.1	28.7	46.0	46.1	39.4
国外直接增加值份额	8.9	14.7	13.7	44.4	42.5	31.6
国内总的增加值份额	82.4	74.9	71.3	54.0	53.9	60.6
国内直接增加值份额	29.4	26.0	20.3	22.2	19.7	17.1
制造业产品						
国外总的增加值份额	19.0	26.4	27.1	50.0	48.7	40.3
国外直接增加值份额	9.7	15.6	16.3	48.3	45.1	32.4
国内总的增加值份额	81.1	73.6	72.9	50.0	51.3	59.7
国内直接增加值份额	27.5	24.6	24.6	19.6	18.1	16.5

资料来源:Koopman Robert,Wang Zhi,Wei Shang-Jin. How Much of Chinese Exports Is Really Made In China? [J]. NBER Working Paper No. 14109,2008.
注:HIY 指采用 Hummels,Ishii,Yi(2001)的方法估算。

随着我国经济日益融入国际垂直专业化的生产网络,其面临的环境污染问题也逐渐凸显出来。为了全面考察环境污染水平,蓝庆新、韩晶

① 中国的贸易统计中区分了外商投资企业的三种形式,分别为中外合资企业、中外合作企业、外商独资企业。

(2011)对工业“三废”排放量指标分别进行无量纲处理、层次分析法赋权重,最终得到我国 1999—2009 年除西藏外的 30 个省市的环境污染指数。从图 4.1 可以看出,我国的环境污染指数整体呈现上行趋势,从 1999 年的 0.121 上升为 2009 年的 0.194。就地区而言,东部地区的环境污染指数较高,而西部地区相对较低,这同北京师范大学科学发展观与经济可持续发展研究基地等(2010)测算得到我国地区资源环境承载潜力的排名是相吻合的。为了直观考察垂直专业化与环境污染之间的关系,采用加工贸易与进出口贸易总额的比重衡量各省市垂直专业化的水平,结合之前蓝庆新、韩晶(2011)对各地环境污染指数的估算,得到 2002—2008 年垂直专业化与环境污染指数的地区分布情况。在图 4.2 中,东部地区参与国际垂直专业化分工的程度较深,与之相对应,该地区的环境污染指数也较高。值得一提的是,西部地区垂直专业化的水平较中部地区更高,但环境污染指数相对较低,这可能与西部地区地广人稀、资源环境禀赋相对丰富的现实条件有关。

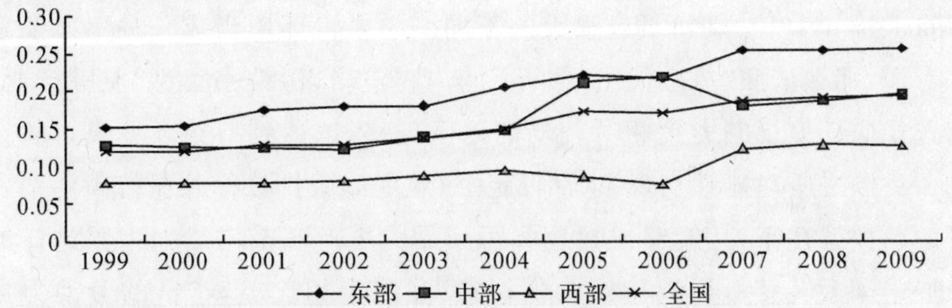

图 4.1　1999—2009 年我国环境污染指数变化趋势

注:环境污染指数来自蓝庆新、韩晶.中国经济发展的环境效应研究[J].北京师范大学学报:社会科学版,2011(6):130—137.

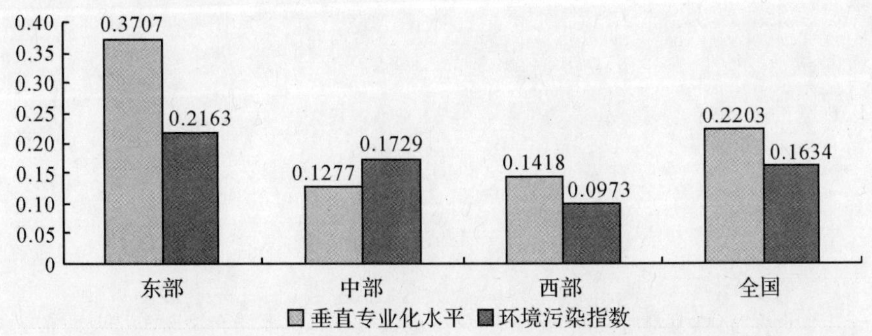

图 4.2　2002—2008 年垂直专业化与我国环境污染指数地区分布

4.1.2 垂直专业化下污染工序转移理论分析与实证解释

丘兆逸(2012)将制造产品的生产过程划分为研发、生产、营销三个工序环节,将每个工序环节与其相应的污染排放强度相结合,就得到垂直专业化下的环境库兹涅茨曲线。从图 4.3 可以看出,生产工序环节的污染排放强度较高,而研发、营销工序环节的污染强度相对较低。在国际垂直专业化分工中,北方国家凭借资金、技术禀赋上的优势,将产品的研发、营销工序环节牢牢掌控在自己手中,并倾向于将劳动密集型、污染强度高的生产工序环节向南方国家转移外包。Helm 等(2007)指出,与广大发展中国家尽量将生产、制造环节保留在国内不同,发达国家采取适度限制工业化的政策,鼓励企业将"肮脏"的制造环节向国外转移。Helpman(1984)通过构建一个"垂直型"FDI 模型指出,跨国公司对外 FDI 的目的之一就是利用东道国丰裕低廉的劳动力要素、宽松的环境政策以及享受税收政策上的优惠等。这与降低交易成本、抢占市场份额的"水平型"FDI(Markusen,1984)动机具有很大的不同。如果将环境当成一种生产要素来考虑,那么依照"污染天堂"假说①的内在逻辑,污染密集型"肮脏产业"将选择向环境规制力度相对较弱的地区迁移,以达到节约环境成本的目的。英国之所以能够实现《京都议定书》规定的减排目标并保持高消费水平的前提就在于,其能够成功地将污染品的生产环节向诸如中国这样的发展中国家转移。再以中国为例,与发达国家相比较,丰富的劳动力资源、廉价的劳动力成本以及相对宽松的环境规制强度,也为污染工序向我国的转移提供了可能。

① 也称"污染避难所假说"或"产业区位重置假说",主要指污染密集产业的企业倾向于建立在环境标准相对较低的国家或地区。

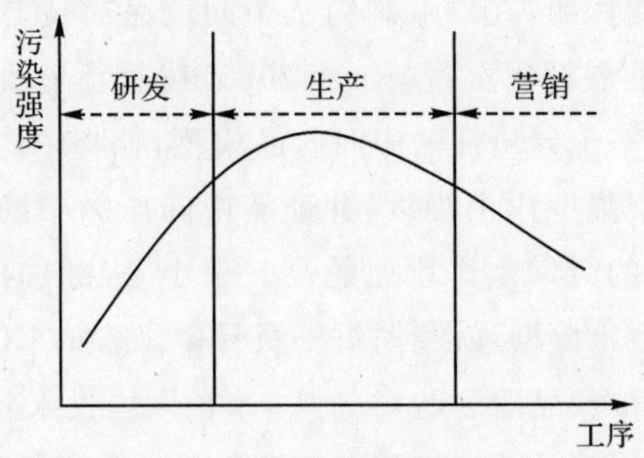

图 4.3　垂直专业化下的环境库兹涅茨倒 U 形曲线

资料来源：转引自丘兆逸《国际垂直专业化中污染工序转移研究》，《国际贸易问题》2012 年第 4 期，第 107—114 页。

在实证解释上，丘兆逸（2012）以 CO_2、SO_2 排放强度作为环境指标，分别基于省级和行业面板数据验证了垂直专业化下存在国外污染工序环节向我国转移的现象。孟源、郑义（2012）基于 1997—2010 年的省级面板数据考察了垂直专业化的主要推动力量 FDI 对工业污染排放的影响，实证研究发现，FDI 流入在直接导致污染物排放大量增加的同时，还通过关联效应的间接作用对生态环境产生负向影响。张学刚（2011）利用我国 1988—2007 年的行业层面数据探讨了 FDI 对环境的作用机理，研究结论表明，FDI 对环境的规模效应显著为负，并大大超过积极的结构效应与技术效应，导致 FDI 总体上对环境产生消极影响。彭水军、刘安平（2010）使用环境投入—产出模型考察了中国进出口贸易的环境影响效应，在考虑加工贸易的情况下，我国污染贸易条件整体呈现不断恶化的趋势，但工业 SO_2、烟尘、粉尘与 COD 这四种污染物的贸易条件在变动趋势上并不完全同步。

4.2　进口中间品碳排放、环境规制与本土企业技术创新绩效变动

在国际垂直专业化的分工背景下，从国外大量进口零部件、先进的机器设备等中间产品，并对其加以模仿、研究，逐步形成自主生产研发能力，已成为提升本土企业技术创新能力的一条重要途径。值得注意的是，进口中间产品不同、质量上存在差异，对一国技术创新能力的培育与提升也产生影响。但由于中间产品的质量很难观测，产品质量的衡量指标体系

不够成熟、完善(刘伟丽,2011),制约了中间产品质量与技术创新能力之间关系实证研究的展开。里奇(Ricci,2000)在对环境政策与经济增长关系的研究中,引入一个异质性的中间产品模型,他将中间产品的特征刻画为生产率和污染密集度两个维度,并证实中间产品中隐含的污染强度越大,该产品中暗含的劳动生产率就越高。李小平(2010)采用基于垂直专业化分工的投入产出模型,就我国对外贸易中隐含的 CO_2 进行了测算,得出:现阶段单位出口产品隐含的 CO_2 中,来自国内投入部分碳排放比重在逐步减少,而进口中间品的碳排放在逐渐增加。为降低行业污染强度、保护环境,政府可通过严格环境规制,促使企业进口中间产品并将高污染产品的一些生产环节向国外转移(陈龙来,2010)。巴特拉科瓦(Batrakova,2012)采用爱尔兰 2000—2009 年制造企业的微观数据研究证实,在欧盟实行排放权交易制度(European Union Emission Trade System)①后,那些处于竞争性行业、市场控制力较弱的企业由于难以向消费者转嫁环境规制的成本,因而更倾向于从环境标准宽松的国家扩大"污染品"进口的种类和价值。环境规制作为政府规制的一种,它和技术创新在时间维度上可能存在"U"形关系(Porter、Van der Linde,1995),拉诺伊(Lanonie)、帕蒂(Party,2008)的研究基本上支持了这一说法。张成、陆旸等(2011)构建了一个环境规制强度与技术创新的数理模型,并用省级面板数据进行的实证结果表明:在东、中部地区,环境规制强度与企业生产技术进步之间呈现显著的"U"形关系。江珂、卢现祥(2011)以我国 29 个省级区域为研究对象,实证分析了环境规制与三类技术创新能力之间的关系,结果发现:环境规制对技术创新没有显著的正影响,它必须要与一定的人力资本相结合才对技术创新有一定的推动作用。

综上所述,进口中间品碳排放、环境规制对技术创新产生影响,但影响的程度多大尚需要从实证角度进一步加以分析。与此同时,有关环境规制与技术创新的实证分析大多立足省级层面,从行业层面开展的研究较少。为了填补以往研究的空白,本章试图在以下方面有所创新:(1)对

① 2005 年欧盟建立排放权交易制度,针对内部 CO_2 排放量较多的企业分配一定的排放配额,以达到减排的目的。

实证方法进行改进，引入进口中间品碳排放变量，并利用 27 个制造行业[①]的面板数据对进口中间品碳排放、环境规制与本土企业技术创新能力变动进行实证检验。(2)基于行业分组形式探讨了进口中间品碳排放、环境规制与本土企业技术创新能力之间的关系，根据行业特征差异制定相应的政策。

4.2.1 模型构建与变量说明

4.2.1.1 模型构建

根据以上关于进口中间品碳排放与环境规制对技术创新关系的探讨，并借鉴王红领等(2006)、徐毅和张二震(2008)的经验研究成果，最终建立的面板数据模型如下：

$$LnINNO_{it} = \beta_0 + \beta_1 CDE_{it} + \beta_2 LnER_{it} + \beta_3 LnPJXS_{it} + \alpha_i + \varepsilon_{it} \tag{4.1}$$

公式(4.1)中：*INNO* 为被解释变量，表示技术创新能力，为了减少可能存在的异方差，计量分析时对该指标取对数形式；*CDE* 与 *ER* 为解释变量，*CDE* 表示进口中间品碳排放，*ER* 表示环境规制强度，计量时对环境规制指标取对数形式；*PJXS* 为控制变量，表示企业平均规模，用本土企业平均销售收入衡量，计量时对该变量取对数处理。受制于交互变量 $CDE * ER$ 与变量 *ER* 的对数形式高度相关，难以对环境规制强度与进口中间品碳排放影响技术创新的协同效应进行精确的实证检验。

4.2.1.2 变量说明

(1)技术创新能力

① 27 个行业代号及名称如下：E1 食品加工制造业，E2 饮料制造业，E3 烟草制品业，E4 纺织业，E5 纺织服装、鞋、帽制造业，E6 皮革、毛皮、羽毛(绒)及其制品业，E7 木材加工及木、竹、藤、棕、草制品业，E8 家具制造业，E9 造纸及化学纸制品业，E10 印刷业和记录媒介的复制，E11 文教体育用品制造业，E12 石油加工、炼焦及核燃料加工业，E13 化学原料及化学制品制造业，E14 医药制造业，E15 化学纤维制造业，E16 橡胶制品业，E17 塑料制品业，E18 非金属矿物制品业，E19 黑色金属冶炼及压延加工业，E20 有色金属冶炼及压延加工业，E21 金属制品业，E22 通用设备制造业，E23 专用设备制造业，E24 交通运输设备制造业，E25 电气机械及器材制造业，E26 通信设备、计算机及其他电子设备制造业，E27 仪器仪表及文化、办公用机械制造业。

王红领等(2006)、李平等(2007)的研究表明,企业的技术创新能力可以通过企业科研经费投入、科研人员数以及取得的成果这三方面来测度,因此我们选取的相关因变量包括:本土企业科技活动经费支出占产品销售收入的比例(记为 $KYJF$),本土企业科技活动人员数占从业人员的比例(记为 $KYRY$),本土企业专利申请数量(记为 ZL)。

(2)进口中间品碳排放

根据胡里奥等(Julio,etal.,2004)、李小平(2010)研究成果,考虑一个n部门的经济模型表示如下:$x = Ax + y$。其中:x 为每个部门的总产出向量;y 为最终需求向量;$A = x_{ij}/x_j$,A 为生产技术矩阵。将上式变形容易得到:$x = (I-A)^{-1}y$,其中 $(I-A)^{-1}$ 为列昂剔夫逆矩阵,表示一单位最终需求中的直接与间接投入需求。在开放经济的情形下,$A = A^d + A^m$,即技术系数矩阵可以分为国内投入的技术系数矩阵 A^d 和进口投入的技术系数矩阵 A^m 两部分。类似地,总进口 x^m 可以分解成中间投入和最终需求的直接消费两部分,即 $x^m = A^m x + y^m = A^m(I-A)^{-1}y + y^m$。进一步地,设 $c^d = C_j^d/x_j$ 是单位产出 CO_2 直接排放系数向量,即等于j部门直接产生的 CO_2 排放量与其产出之比,那么国内单位产出中包含直接与间接的 CO_2 排放总量为 $C^d = c^d(I-A)^{-1}y = v^d y$,单位产出的 CO_2 完全排放系数表示为 $v^d = c^d(I-A)^{-1}$。在国际垂直专业化的分析框架下,从生产角度考虑,国外进口品隐含的 CO_2 相当于是对国内原本需要生产所产生 CO_2 的替代,在这种情形下我们假定国外生产的 CO_2 排放系数与国内相等,根据一国最终需求中隐含的碳排放可以表示为国内生产排放 CO_2、生产进口投入排放 CO_2 与生产进口消费排放 CO_2 三者之和,即 $C = C^d + C^m = v^d y + v^d A^m(I-A)^{-1}y + v^d y^m$,则单位最终产品出口中来自进口中间品的碳排放可以表示为:$CDE = C^d(I-A)^{-1}A^m(I-A)^{-1}$。其中:$C^d$ 是行业 i 单位产出 CO_2 直接排放系数向量,用各行业 CO_2 排放总量除以1990年不变价的增加值得到;A 是直接消耗系数矩阵;A^m 是进口中间品的依存系数矩阵,其计算公式可以表示为 $A^m =$[进口/(进口+总产出-出口)]A;I 为 $n \times n$ 阶单位矩阵。具体测算结果如表4.2。

表 4.2 2001—2007 年制造业单位最终出口产品中来自国外中间品隐含的碳排放 (CDE)

	2001	2007	变动率(%)		2001	2007	变动率(%)
E1	0.1132	0.1039	−8.12	E15	1.1448	1.2784	11.67
E2	0.2143	0.2324	8.47	E16	0.5284	0.9999	89.25
E3	0.0671	0.1464	118.03	E17	1.0175	1.2973	27.50
E4	0.4876	0.4842	−0.69	E18	0.4855	0.5719	17.79
E5	0.4518	0.4407	−2.45	E19	0.9042	0.9418	4.15
E6	0.3793	0.4344	14.51	E20	0.9876	1.0398	5.28
E7	0.4278	0.00044	3.62	E21	0.9338	0.8636	−7.52
E8	0.4688	0.4898	4.48	E22	0.8806	0.9543	8.37
E9	0.5100	0.5793	13.57	E23	0.9165	0.9158	−0.01
E10	0.4929	0.6547	32.82	E24	0.8329	0.9484	13.86
E11	0.6332	0.8821	39.31	E25	0.9475	1.1935	25.97
E12	1.0300	1.1652	13.13	E26	0.8332	1.0009	20.12
E13	0.9261	1.1827	27.71	E27	0.9641	1.2190	26.45
E14	0.3144	0.3485	10.85	平均	0.6630	0.7710	16.28

资料来源:经作者计算处理得到。其中,CDE 单位表示为公斤/元。

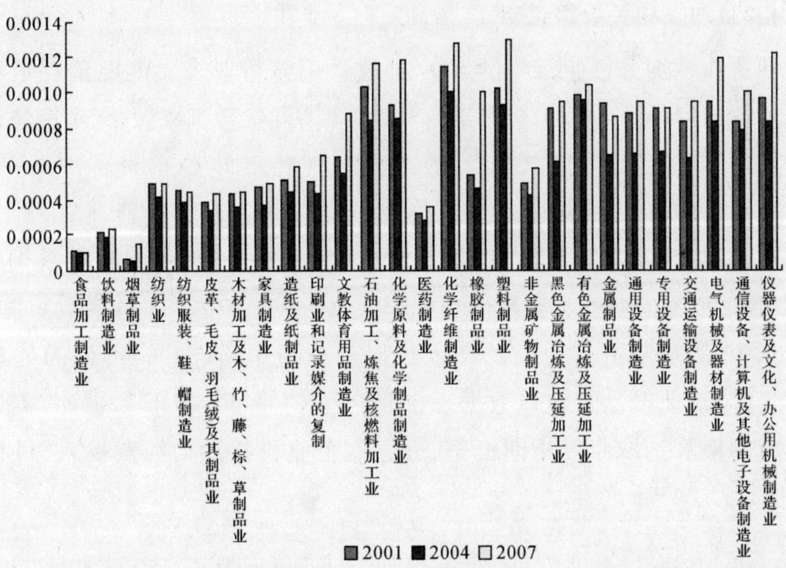

图 4.4 制造业单位最终出口产品中来自国外中间品隐含的碳排放变动趋势

从图 4.4 可以看出,除了食品加工和制造业、烟草加工业、服装及其他纤维品制造业、金属制品业和专用设备制造业中进口中间品隐含的CO_2出现小幅度下降外，其他行业都有不同程度的增加。位列增幅前五位的行业分别为：烟草加工业、橡胶制品业、文体教育用品制造业、印刷业记录媒介的复制、化学原料及制品制造业。总体来看，在制造业出口产品的碳排放中，来自国外进口中间品隐含的CO_2呈上升趋势，这和李小平(2010)的研究结论是一致的。

(3)环境规制强度

环境规制指标大致可以分为两大类：一类是反映政府规制主观意愿的，如环境立法等；一类是反映规制结果的，如达标率等。第一类指标因为是衡量“主观意愿”，数据较少、测度起来也较困难，而且按照目前国内环境执法及监管力度尚需进一步加大的现状，政府的规制意愿可能难以真正得到实施。第二类指标的问题是达标率等可能不仅仅是政府规制的结果，很可能还与其他因素有关，如科技进步等。鉴于此，本章采用张成、于同申等(2010)的方法，用样本行业当年废水和废气污染治理设施的人均费用(平减至1990年水平)作为环境规制的衡量指标，我们认为这个指标更能反映环境治理对经济的影响。

4.2.1.3 相关数据说明

制造业各细分行业每年的CO_2排放量用该行业当年能源消耗量与单位能源使用的CO_2排放系数相乘得到，能源消耗量数据来源于《中国统计年鉴》各年，单位能源使用的CO_2排放系数等于2.13吨CO_2/吨标准煤。[①] 直接消耗系数矩阵A根据国家统计局提供的投入产出表进行计算，对于投入产出表缺失的年份，我们用2002年的投入产出表数据替代2001年、2003年、2004年，2007年替代2005年、2006年。在对进口系数矩阵A^m的计算中：历年制造行业的总产出数据采取与唐玲(2009)类似的处理方法得到，制造业产品进出口数据来自联合国COMTRADE数据库，美元对人民币的换算选取年度中间汇率。此外，企业科技活动经费投入、科技活

① 这一转换率来源于CAIT(Climate Analysis Indicators Tool，气候分析指标工具)，李小平(2010)采用该排放系数测算了中国工业行业的CO_2排放总量。陈诗一(2009)参考IPCC(Intergovernmental Panel on Climate Change，联合国政府间气候变化专门委员会)提供方法估算得到的CO_2排放系数与前者接近。

动人员数以及专利申请数量的数据来自《中国科技统计年鉴》各期①，环境规制强度计算数据来源于《中国环境年鉴》各期。

由于受可得数据的限制，我们选取了 2001—2007 年中国 27 个制造行业作为分析样本，从表 4.3 可以看出，本土企业专利申请数量从 2001 年到 2007 年一直呈现高速递增态势，2007 年的数量约为 2001 年的 3 倍。科技活动经费支出比例在 2003 年、2006 年出现小幅下降，但基本变动不大，近年来一直维持在 0.02 左右。科技活动人员比例除个别年份出现小幅下滑外，近年来一直保持上升势头。样本期间国内每一单位最终需求产品中隐含来自国外的碳排放量在 2005 达到最高峰值后，2006 年、2007 年有所下降。环境规制强度从 2001 到 2007 年持续得到加强，2007 年的废水、废气污染治理设施费用达到人均 548.57 元，而同期本土企业平均销售收入上升了 1.5 倍左右。

表 4.3　主要变量的基本特征

年份	2001	2002	2003	2004	2005	2006	2007	全部
行业数量	27	27	27	27	27	27	27	189
KYJF	0.0206 (0.0135)	0.0211 (0.0132)	0.0179 (0.0116)	0.0191 (0.0103)	0.0210 (0.0133)	0.0198 (0.0123)	0.0202 (0.0123)	0.0199 (0.0124)
KYRY	0.0519 (0.0341)	0.0555 (0.0331)	0.0515 (0.0334)	0.0456 (0.0276)	0.0529 (0.0323)	0.0557 (0.0359)	0.0585 (0.0402)	0.0534 (0.0336)
ZL	420.9 (511.9)	547.5 (725.3)	748.9 (1009.8)	1052.9 (1434.7)	1357 (1883.1)	1781.7 (2714.3)	2567.2 (4208.5)	1210.9 (2234.9)
CDE (公斤/元)	0.663 (0.308)	0.668 (0.307)	0.649 (0.306)	0.556 (0.265)	0.939 (0.428)	0.816 (0.379)	0.771 (0.364)	0.722 (0.355)
ER (元/人)	311.98 (350.32)	368.27 (412.57)	382.97 (505.32)	463.71 (682.89)	377.64 (436.99)	510.8 (586.03)	548.57 (648.36)	423.42 (527.92)
PJXS (万元)	33400.7 (58631.4)	37209.7 (61189.1)	44530.6 (46525.8)	47134.5 (54478.9)	61641.2 (71043.3)	69817.3 (80483.6)	81687 (97437.7)	53631.6 (69894.7)

注：表中每一行上面的数据是变量均值，括号里的是标准差。

4.2.2　基础方程及计量结果分析

经平稳性检验可知，所有经济变量均为一阶单整，而且各变量之间存

① 《中国科技统计年鉴》未公布 2004 年大中型三资企业科技活动经费、科技活动人员及专利申请的数据，因此本土企业 2004 年的技术创新能力指标，采用插值法取相邻两年数值的平均值计算而得。

在协整关系。本章在判定面板数据模型的基本类型后，采用 Hausman 检验在固定效应(FE)模型和随机效应(RE)模型之间进行选择。当检验结果显示为固定效应时，笔者进一步采取广义二乘法结合 white-period 稳健方法以校正各行业异方差及时期异方差带来的影响。为了检验模型估计的“内生性”问题，我们采用进口中间品碳排放与环境规制强度的滞后变量法进行处理，具体的回归结果见表 4.4：

表 4.4 基础模型的回归结果

变量	LNKYJF	LNKYJF	LNKYRY	LNKYRY	LNZL	LNZL
常数项	−3.539*** (−15.03)	−3.841*** (−5.68)	−3.749*** (−17.54)	−3.889*** (−18.26)	−6.766*** (−15.80)	−6.382*** (−19.18)
CDE	0.182*** (2.75)		0.224*** (1.91)		−0.132 (−1.22)	
LNER	0.022 (0.99)		0.023** (2.11)		0.126** (2.24)	
LNPJXS	−0.079*** −3.09	−0.014 (−0.49)	0.033* (1.78)	0.040* (1.67)	1.181*** (25.11)	1.164*** (30.74)
CDE(−1)		0.008 (0.24)		0.168*** (3.25)		−0.202 (−1.34)
LNER(−1)		−0.023 (−0.92)		0.043** (1.98)		0.043* (1.73)
ADF 检验	−2.64***	−4.52***	−3.09***	−4.11***	−2.93***	−4.07***
Hausman 检验	7.85**	8.33**	8.28**	8.68**	11.53***	8.93**
F 值	129.08	122.25	223.85	178.76	201.91	213.59
R^2	0.959	0.964	0.925	0.975	0.973	0.979
样本数	189	162	189	162	189	162

注：括号内为 t 的统计特征值，***、**、* 分别表示 1%、5%、10% 显著水平；CDE(−1) 和 ER(−1) 分别表示进口中间品碳排放和环境规制强度的 1 年滞后项。

(1)进口中间品碳排放对本土企业科技活动中的经费以及人员投入具有积极影响，而对专利申请数量的作用不明确。

使用解释变量当期与滞后 1 年数据进行回归，未能改变进口中间品 CO_2 隐含量与技术创新变量之间的相互关系与经济含义，表明模型的“内生性问题”并不严重。回归结果显示，本土企业从国外进口中间品隐含碳排放量越高，对企业科研经费支出占销售收入比例和科技活动人员数占从业人员比例的积极影响越大。一般而言，国外进口中间品与国内同类产品相比更加“清洁”，在最终需求产品碳排放总量不变的条件下，来自国外的 CO_2 排放逐步增加，实际上是“清洁”型进口中间品对国内“肮脏”品的替代。[①] 与此同时，在垂直专业化生产中处于主导地位的跨国公司，出于对利润及市场份额的追求，对生产链条上参与者的生产、加工、装配等工序环节在低碳、绿色型生产等方面提出了更高的要求。这在客观上都要求本土企业必须加大科研经费及人员的投入，以避免被排除在全球生产网络之外。表 4.3 中，进口中间品碳排放对本土企业的专利申请数量作用系数不能通过显著度为 10% 的检验，这是因为处于“链主”地位的跨国公司并不必然为价值链中其他参与者的技术升级提供帮助。相反，还可能通过大额订单威胁、知识产权壁垒以及更为有效的“技术锁定”等手段，阻碍本土企业进行专利申请。

(2)环境规制对本土企业的科技人员投入与专利申请数量具有正向作用，而与科技活动经费投入之间在统计上不显著。

表 4.4 显示，环境规制强度每增加 1 个百分点，本土企业的科技活动人员比例将上升 0.023 个百分点，专利申请数量提升 0.126 个百分点，而且使用当期与滞后 1 年环境规制强度数据进行回归的结果差别不大。这说明环境规制能够促进科技活动人员占比及专利申请数量向着有利于本土企业技术创新的方向发展。而环境规制在即期及滞后期对科技活动经费占比的影响均不显著，对这一现象的解释可能来自两个方面：一是由于我国的环境规制强度不够，加上执法及监管力度上的欠缺，本土企业宁可交纳排污费或罚款，也不愿意在科研经费方面加大投入；二是由于我国工业行业技术创新中存在无效率情况（项本武，2011），导致企业在科技活动经费支出上相对谨慎。

(3)企业平均规模扩大有利于本土企业科技人员投入与专利申请数量增加，但对科技活动经费支出会产生一定的阻碍作用。

一般来讲，企业规模越大，拥有的专利数量越多，对科研人员的需求

---

① 有资料表明日本、韩国等新兴工业化国家的节能、环保技术水平相对较高（肖兴志，2011），而我国进口的中间品也主要来源于这些国家地区。Feng 等（2012）以 2002—2006 年中国制造企业数据为样本，研究发现：①来自于 OECD 国家的进口中间品对企业出口绩效的改善作用较非 OECD 国家的更大；②中国民营企业从进口投入中获得的收益比外商投资企业更多；③进口中间品尤其有利于扩大高研发密集度行业中企业的出口。

越大，模型的实证检验也支持了这一说法。但企业规模并非越大越好，李宇、安玉兴(2008)的研究表明，我国企业规模与技术创新之间大致呈倒U形关系。表4.4中企业平均规模每增加1个百分点，科技活动经费支出比例反而下降0.079个百分点。这一回归结果的出现可能与我们选取的样本对象全部是大中型企业有关，由于规模普遍较大，企业具备一定的垄断优势，从而对科技活动经费支出显得动力不足。柴俊武、万迪昉(2003)、戴西超等(2006)采用微观企业调查数据对企业规模与R&D投入之间的关系进行分析，也得出了与我们类似的结论。

4.2.3 分组回归的结果比较

为了考察进口中间品碳排放与环境规制对本土企业技术创新影响的行业差异性，我们选取行业集中度、出口密集度与技术水平三个常用指标对制造业进行分组处理，以本土制造业27个部门2001—2007年的行业数据为基础进行实证检验。

4.2.3.1 基于行业集中度指标的行业分组检验

我们借鉴邱斌(2008)等的方法，用勒纳指数测算行业集中度水平，并据此将制造业划分为高、低集中度两组。按行业集中度指标分组的回归结果表明(见表4.5)：(1)进口中间品碳排放对科技活动经费支出占比的提升作用，在高集中度比低集中度行业中更大。这是因为在单位出口产品隐含的CO_2中，进口中间品中隐含的CO_2越高，国外清洁型、高技术含量中间品对国内低端生产环节的替代性越强，本土制造业加大科研经费投入、提升产品附加值，进而实现在全球价值链中位置攀升的需求越迫切。但在行业集中度低的制造业中，自由竞争程度较高，技术的外溢、模仿、传播速度较快，加上目前我国的知识产权保护体系尚不健全，企业出于对核心技术要素容易外泄的担忧，科研经费投入积极性不高。(2)进口中间品碳排放在低集中度行业中对科技活动人员占比具有正向效应，而在高集中度行业中的影响不显著。这可能是由于行业集中度高的企业对市场具有一定控制能力，导致其通过增加科研人员进行技术创新的需求没有低集中度行业中的企业那么迫切。(3)环境规制对本土企业专利申请数量的促进作用，在低集中度行业比高集中度行业中更明显。有关这一现象的可能解释是：在行业集中度高的制造业中，企业存在一定的垄断优势，由环境规制而引致的“遵循成本”能够部分或全部转嫁给下游企业或消费者，企业进一步优化资源配置和进行专利申请的动力不足。

表 4.5　按行业集中度分组的回归结果

变量	LNKYJF		LNKYRY		LNZL	
	高	低	高	低	高	低
常数项	−4.817*** (−5.33)	−3.172*** (−12.09)	−4.714*** (−10.03)	−3.528*** (−14.39)	−7.572*** (−7.21)	−6.537*** (−11.29)
CDE	0.918*** (3.63)	0.147* (1.87)	−0.07 (−0.03)	0.232*** (4.38)	−0.034 (−0.08)	−0.121 (−1.64)
LNER	−0.018 (−0.14)	0.034 (1.54)	−0.044 (−0.75)	0.034 (1.23)	0.054 (0.32)	0.136* (1.77)
LNPJXS	0.031 (0.28)	−0.114*** (−3.73)	0.164*** (3.54)	0.009 (0.35)	1.260*** (10.62)	1.165*** (21.53)
ADF 检验	−1.95**	−2.01**	−1.98***	−2.35***	−2.60***	−2.51***
Hausman 检验	9.61**	8.56**	1.28	10.50**	9.08**	8.01**
F 值	38.79	152.26	5.65	208.73	144.28	174.28
R^2	0.903	0.966	0.31	0.975	0.972	0.970
样本数	42	147	42	147	42	147

注：括号内为 t 的统计特征值，***、**、* 分别表示 1%、5%、10% 显著水平；6 个高集中度行业具体为：E2、E3、E9、E10、E14、E18。

4.2.3.2　基于出口密集度指标的行业分组检验

以行业出口交货值占工业增加值之比衡量出口密集度，并依据出口密集度的高低进行分组。表 4.6 的回归结果表明：(1)进口中间品碳排放在高出口密集度行业中对科技活动经费占比与科技人员占比的提升作用较低出口密集度行业大。原因在于：与低出口密集度行业主要面向国内市场不同，高出口密集度行业对国外市场的依赖性更大。单位最终出口产品中来自国外的碳隐含量越高，留给国内生产、加工、装配环节中的碳排放空间就越少，相应地本土企业加大科研经费及人员投入、提升技术水平与生产效率的压力也越大。(2)环境规制在低出口密集度行业对本土企业专利申请数量的正向促进作用要明显强于其对高出口密集度行业的影响。与高出口密集度行业相比较，低出口密集度行业的生产率较低，生产方式相对粗放，也更容易受环境规制的影响。因此，当政府的环境规制加强时，低出口密集度组别中的企业将被迫通过更多的专利申请，提升企业与产品的美誉度，增加产品附加值、打造差异化竞争优势，以求在激烈的市场竞争中立于不败之地。

表 4.6　按行业出口密集度分组的回归结果

变量	LNKYJF		LNKYRY		LNZL	
	高	低	高	低	高	低
常数项	−1.579*** (−3.40)	−4.003*** (−11.25)	−2.422*** (−3.91)	−4.033*** (−16.34)	−4.482** (−2.27)	−7.444*** (−11.96)
CDE	0.408*** (3.57)	0.126* (1.84)	0.454*** (3.59)	0.134** (2.17)	0.621 (1.27)	−0.074 (−0.98)
LNER	0.073** (3.69)	−0.008 (−0.36)	0.016 (0.45)	0.021 (0.65)	0.188 (1.35)	0.196* (1.70)
LNPJXS	−0.304*** (−5.23)	−0.018 (−0.53)	−0.121* (−1.75)	0.071** (2.29)	0.917*** (4.23)	1.184*** (19.39)
ADF 检验	−1.34*	−2.89***	−1.74**	−3.11***	−1.29*	−2.25**
Hausman 检验	59.30***	8.62**	53.43***	60.85***	5.13	14.19***
F 值	196.51	120.49	190.09	201.29	14.52	178.70
R^2	0.976	0.958	0.976	0.975	0.43	0.972
样本数	63	126	63	126	63	126

注：括号内为 t 的统计特征值，***、**、* 分别表示 1%、5%、10% 显著水平；9 个高出口密集度行业具体为：E4、E5、E6、E8、E11、E16、E25、E26、E27。

4.2.3.3　基于行业技术水平指标的行业分组检验

采用人均科技活动内部支出费用和科技人员占从业人员比重这两个指标衡量行业技术水平，并据此将制造业划分为高、低技术水平两组。表 4.7 的回归结果表明：(1)进口中间品碳排放对科技活动经费支出占比的促进作用，在高技术组别较低技术组别企业更显著。与低技术行业较低的研发使用效率不同，在高技术水平制造行业中，企业的研发实力与学习能力相对较强。面对跨国公司日趋严格的环保标准，高技术组别企业比低技术组别企业更有动力与能力通过加大科研经费投入，促使自身生产模式向节能型、清洁型方向转变。(2)进口中间品碳排放对科技活动人员占比的提升作用，在低技术组别较高技术组别中更大。这或许是由于在高技术行业中，企业对科技活动人员综合素质与准入门槛要求较低技术行业中更高所致。(3)环境规制对科技活动经费占比及专利申请数量的正向作用,在低技术组别较高技术组别中更明显。我们对此的解释主要包括两个方面:一是低技术行业中企业对环境资源的依赖程度较高,加上生产技术相对落后,产品的附加值较低,因而更容易导致"三废"等污染物的排放超标。一旦环境规制强度上升,对低技术行业的冲击与影响更大。二是由于技术含量低的产品比技术含量高的产品更容易被模仿,导致其更需要专利保护。因此与高技术组别相比,低技术组别中的企业将被迫增加更多的研发经费投入、更积极地进行专利申请,提升企业的生产率与产品技术含量,以部分乃至全部弥补或抵消企业的"遵循成本"。

表 4.7 按行业技术水平高低分组的回归结果

变量	LNKYJF		LNKYRY		LNZL	
	高	低	高	低	高	低
常数项	−3.117*** (−8.79)	−3.896*** (−12.59)	−3.473*** (−10.94)	−3.905*** (−22.32)	−5.455*** (−8.83)	−8.281*** (−9.97)
CDE	0.153* (1.96)	0.260 (1.51)	0.101* (1.86)	0.491*** (4.14)	−0.086 (−1.14)	−0.154 (−0.86)
LNER	0.009 (0.36)	0.053* (1.85)	−0.012 (−0.41)	0.030 (1.28)	0.007 (0.10)	0.304** (2.22)
LNPJXS	−0.074* (−1.93)	−0.093*** (−3.08)	0.078** (2.54)	−0.004 (−0.19)	1.168*** (23.42)	1.199*** (15.36)
ADF 检验	−1.92**	−2.46***	−2.53***	−2.18**	−2.35***	−3.82**
Hausman 检验	8.29**	8.73**	8.35**	10.85**	9.39**	8.49**
F 值	136.63	23.12	72.56	59.99	294.04	91.19
R^2	0.965	0.82	0.936	0.921	0.983	0.947
样本数	84	105	84	105	84	105

注:括号内为 t 的统计特征值,***、**、* 分别表示 1%、5%、10% 显著水平;12 个高技术行业具体为:E12、E13、E14、E15、E16、E17、E22、E23、E24、E25、E26、E27。

4.3 本章小结

国际垂直专业化是当今经济全球化的重要特征之一,在国际分工体系中占据日益重要的地位。中国以一个后来者、赶超者的姿态融入这种新型国际分工,并对其自身的经济发展产生了深远的影响。国内外不同学者,如 Hummels 等、Koopman 等以及北京大学中国经济研究中心课题组对我国参与国际垂直专业化程度的测算结果表明，我国对外出口中来自国外进口中间品的份额近年来上升较快。参与垂直专业化分工在促进我国对外贸易额迅猛增长的同时，其潜在的负面影响也不容忽视。以环境污染问题为例，我国东部地区参与垂直专业化分工的程度较深，相应地，其面临的环境污染指数也相对较高。与发达国家相比，我国在劳动力资源禀赋上的优势以及相对宽松的环境规制力度为污染工序环节向国内的转移提供了可能。那么，在垂直专业化的过程中引入环境规制工具降低污染排放的同时，其对技术创新将会产生何种影响？为此，我们基于 Julio 等(2004)的分析框架，构建垂直专业化分工的环境投入产出模型，对中国制造业 2001—2007 年单位出口产品中来自进口中间品的 CO_2 含量进行了测算，在此基础上考察了进口中间品碳排放与环境规制对本土企业技术创新绩效的影响。主要结论如下:①进口中间品碳排放对本土企业科技活动的经费及人员投入具有积极影响。国外清洁型中间品对国内高能耗、高污染生产工序的替代，将刺激本土企业加大科研经费及人员的投入，从而向着有利于本土企业技术创新能力提升的方向发展。但环境规制对本土企业技术创新的正向作用也不容忽视。②进口中间品碳排放和环境规制对技术创新的影响在不同行业间存在显著差异。进口中间品碳排放在高行业集中度、高出口密集度、高技术行业中对本土企业科研经费投入所呈现出的正向作用更大，在低集中度、低技术、高出口密集度行业中对科研人员数量的提升作用更明显。而环境规制在低集中度、低出口密集度、低技术行业对本土企业的专利申请具有更显著的促进作用。

第 5 章

垂直专业化、环境规制与我国企业技术创新效率

在国际垂直专业化引致的环境污染问题日益凸显的背景下，学界在关注环境规制节能减排效应同时，也对环境规制的技术创新效应这一主题产生了浓厚的兴趣。与技术创新绩效不同，技术创新效率刻画的是技术创新过程中创新资源投入与创新成果产出之间大致的比例关系。我国国民经济和社会发展"十二五"规划纲要提出，要坚持把科技进步和创新作为加快转变经济发展方式的重要支撑。在这种背景下探讨环境规制与技术创新效率之间关系，理论和现实意义兼具。因此，本章首先构建网络DEA模型，测算了2002—2008年中国大中型工业企业技术创新的整体效率与两个子阶段技术创新过程的效率（即创新资源转换效率和创新知识转化效率），并以三大经济区域的面板数据考察了垂直专业化程度与环境规制强度对企业技术创新整体效率的影响；其次从产业集聚视角切入，检验了环境规制影响企业技术创新子过程效率中产业集聚的中介效应。

5.1 垂直专业化、环境规制与我国企业技术创新效率变动

有关技术创新效率的测算，常用的方法有三种：第一种为数据包络DEA的非参数方法，池仁勇（2003）以研发投入、新产品开发人员和总资产作为投入变量，通过新产品增长率、新产品销售份额、主要产品更新周期及重大产品创新比重衡量产出绩效变量，根据浙江省微观层面的230家企业调研数据，对不同规模企业的创新效率进行了测算，分析结果表明国有企业的创新效率偏低。李双杰等（2006）以技术创新活动人员、技术创新经费作为投入变量，以专利申请受理量、科技论文与科技著作发表及出版数、行业总产值变化率为产出变量，利用DEA方法测算了北京制造业的创新效率，并得出技术创新过程中普遍存在资源配置效率低下的结论。吴延兵（2008）选取新产品开发项目数为创新产出，以R&D存量和R&D人员为创新投入，对1996—2003年我国29个省的大中型工业企业的知识生产效率进行了测算。第二种方法为随机前沿SFA方法，张宗益等（2006）以R&D人员、R&D经费作为投入变量，以专利申请量作为产出变量，采用基于Cobb-Douglas生产函数的随机前沿方法估计了我国的区域创新效率，研究结果表明我国区域技术创新效率较低，虽然总体呈上

升趋势，但东、中、西部区域之间技术创新效率差距明显。白俊红等(2009)选用R&D资本存量、R&D人员全时当量作为投入量，选用发明专利授权量作为创新产出的考核指标，应用随机前沿模型对1998—2007年中国30个省份的研发创新效率进行了测算，研究发现样本期内中国研发创新效率仍然处于较低水平，但呈逐年上升趋势。第三种为指标体系法，黄鲁成、张红彩(2006)以R&D经费、科技经费内部支出、R&D人员和科技活动人员作为技术创新投入指标，以产品项目数、专利申请数、新产品销售收入和新产品工业总产值作为技术创新的产出指标，应用因子分析定权法对北京制造业部门的技术创新效率进行测算，研究发现高技术制造行业的技术创新效率较低，而低技术行业的技术创新效率反而较高。虽然上述有关技术创新效率的衡量取得了较为丰富、有益的成果，但这些适用于单个生产过程效率的测算方法，未必适用于对现代经济体系中多阶段生产方式效率的评估。

对技术创新效率影响因素的探讨，学者们主要从行业和地区层面，考察了研发投入、企业规模、市场竞争程度、制度环境、市场机会等指标对技术创新效率变动的影响分析。基于行业层面，朱有为和徐康宁(2006)通过对中国高科技产业的考察发现，企业规模与市场竞争程度对研发效率存在显著的正向作用，外商投资企业与国有企业比重也对研发效率具有正向影响，但前者的贡献程度更高。冯根福等(2006)对1997—2005年中国35个工业部门的研究表明，市场竞争程度、资产规模、研发投入的增长与行业研发效率之间呈负相关关系，企业利润和国有企业占行业销售额的比重与行业研发效率之间呈正相关关系。基于区域层面，李习保(2007)考察了创新环境因素对创新产出效率的影响，证实一个地区对教育的投入水平和政府对科技的扶持力度能对创新效率产生显著的正向作用。白俊红等(2009)基于创新系统视角发现，各创新主体要素及其之间的联结均对创新效率产生负向作用。于明超和申俊喜(2010)在对1998—2007年我国地区大中型工业企业创新效率进行测算的基础上，研究发现除了技术引进和消化吸收外，制度环境差异是影响创新效率的重要因素 。

与已有的研究成果相比，我们的创新之处主要体现在：一是采用网络DEA模型测算了2002—2008年中国区域大中型工业企业技术创新效率，以打开创新过程的“黑箱”；二是将环境规制与垂直专业化同时纳入对企业技术创新效率的分析，并考察了不同环境规制强度对东、中、西三大区域技术创新效率影响的差异性。

5.1.1 基于网络 DEA 模型的大中型工业企业技术创新效率测算

数据包络 DEA 作为一种较为灵活的测算效率的方法，在不确定性环境下比随机前沿 SFA 模型更恰当(Hollanders and Celikel-Esser，2007)。贝恩支和纳塔拉詹(Banker and Natarajan，2008)进行仿真模拟结果也表明，基于 DEA 的非参数方法在决策单元效率的测度中比参数方法更有效。近年来将 DEA 应用于创新活动测度的研究成果不断涌现。然而，传统的一阶段 DEA 模型没有考虑中间产品的技术创新，即未能将技术创新的过程分解为创新资源转换与创新知识转化两个相互关联的子进程，因而导致其难以真正打开技术创新的“黑箱”。基于以上分析，本章将引入网络 DEA 模型框架对中国大中型企业的技术创新效率进行测算。

假定在决策单元 DUM_j 当中，第一个阶段的初始投入为 $X_{ij}^1(i=1,2,\cdots,p^1)$，第二个阶段的追加投入为 $X_{ij}^2(i=1,2,\cdots,p^2)$，中间产出为 $Z_{mj}^2(m=1,2,\cdots,q)$，最终产出为 $Y_{rj}(r=1,2,\cdots,s)$。根据高强(Kao，2009)、汤恩和筒井(Tone and Tsutsui，2009)以及陈凯华、官建成(2011)与庞瑞芝等(2010)的相关研究，本章构建基于产出导向的网络 DEA 模型如下：

$$
\begin{aligned}
&\max\sum_{r=1}^{s}u_rY_{rk}(r=1,2,\cdots,s)\\
&\text{s.t.}\quad \sum_{i=1}^{p^1}v_i^1X_{ik}^1+\sum_{i=1}^{p^2}v_i^2X_{ik}^2=1\\
&\sum_{r=1}^{s}u_rY_{rj}-\sum_{i=1}^{p^1}v_i^1X_{ik}^1-\sum_{i=1}^{p^2}v_i^2X_{ik}^2\leqslant 0,j=1,2,\cdots,n\\
&\sum_{m=1}^{q}w_mZ_{mj}-\sum_{i=1}^{p^1}v_i^1X_{ik}^1\leqslant 0,j=1,2,\cdots,n\\
&\sum_{r=1}^{s}u_rY_{rj}-\sum_{m=1}^{q}w_mZ_{mj}-\sum_{i=1}^{p^2}v_i^2X_{ik}^2\leqslant 0,j=1,2,\cdots,n\\
&u_r、v_i^1、v_i^2、w_m\geqslant\varepsilon
\end{aligned}
\tag{5.1}
$$

其中，u_r、v_i^1、v_i^2 与 w_m 分别代表各变量的权重，ε 为阿基米德无穷小

量。当模型(5.1)的最优解为 u_r^*、v_i^{1*}、v_i^{2*}、w_m^* 时,第 K 个决策单元的整体效率与两个子过程的效率分别为:

$$E_k = \sum_{r=1}^{s} u_k^* Y_{rk} \tag{5.2}$$

$$E_k^1 = \sum_{m=1}^{q} w_m^* Z_{mk} / \sum_{i=1}^{p^1} v_i^{1*} X_{ik}^1 \tag{5.3}$$

$$E_k^2 = \sum_{r=1}^{s} u_r^* Y_{rk} / (\sum_{i=1}^{p^2} v_i^{2*} X_{ik}^2 + \sum_{m=1}^{q} w_m^* Z_{mk}) \tag{5.4}$$

考虑如图 5.1 所示的关联两阶段创新系统,我们设定各个区域大中型企业的创新资源转换(如研究、开发、测试等)与创新知识转化(如产业化、市场推广与商业化运作等)处于同等重要的阶段,运用 MAXDEAP6.0 软件在可变规模报酬(VRS)假设下,选择产出优先的双向模型对企业技术创新的整体效率与两个子阶段的创新资源转换效率与创新知识转化效率进行测算。一般来说,从创新的投入到产出转换之间存在一定的时滞,但 Hollanders 和 Celikel-Esser(2007)的研究表明,创新中各阶段变量时滞长短的选取对创新效率的估算影响不大。据此,本章选取我国 28 个省市①的大中型工业企业为研究对象,时间跨度为 2002—2010 年,具体的指标选取与数据处理情况如下:(1)初始投入指标选取人力投入、资金投入与知识资本存量三个指标。用 t 期大中型工业企业的 R&D 人员全员当量(X_1^1)与 R&D 经费内部支出(X_2^1)衡量创新生产第一个阶段中的人力、资金投入。用 t−1 期大中型企业拥有的发明专利数(X_3^1)作为知识存量指标的代理变量,这与庞瑞芝等(2010)对这一指标的选取有所不同。与当年专利申请数不同,企业拥有的发明专利是一个存量指标,而且发明专利还是专利中最能发挥实效的部分,因此本章的替代具有一定的合理性。(2)追加投入指标选取 t+1 期大中型工业企业的技术改造经费(X_1^2)与新产品开发费(X_2^2)。(3)中间产出指标采用 t+1 期大中型工业企业新产品开发项目数(Z_1)和专利申请数(Z_2)。(4)最终产出指标选取 t+2 期大中型工业企业新产品工业产值(Y_1)和新产品销售收入(Y_2)。

---

① 未包含西藏、海南和青海。西藏由于数据缺失,而海南和青海的创新投入、产出数量较小,不宜与其他省份加以比较。

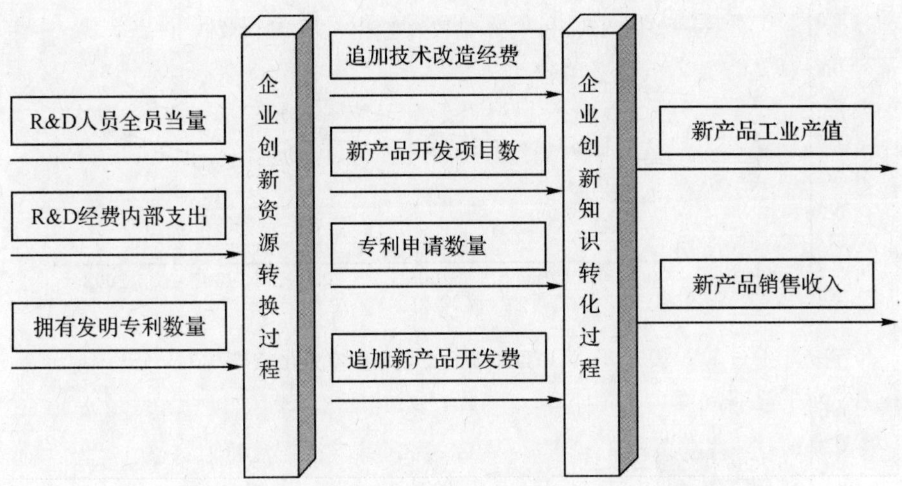

图 5.1 大中型工业企业创新生产框架

根据网络 DEA 模型估算的结果计算年份平均值，绘制我国大中型工业企业创新效率变化趋势图（见图 5.2），2002—2008 年中国工业企业技术创新过程的整体效率呈上升趋势，但上升幅度并不显著，尚存在较大的提升空间。从技术创新过程的分解来看，两个子阶段的创新效率表现并不同步，其中第一阶段创新资源转换的效率值波动幅度较大，第二阶段创新知识转化的效率值相对平稳。在样本区间内第一阶段效率值远远高于第二阶段，相对于第一阶段而言，第二阶段的效率不足成为制约技术创新、整体效率提升的主要因素。将我国各省市按东部、中部、西部三大区域①进行划分，并将各区域的技术创新过程效率值进行对比。如图 5.3 所示，整体技术创新效率表现较好的为东部地区，中部地区次之，而西部地区则相对落后。第一阶段效率与第二阶段效率则呈现出与整体效率相类似的区域分布特征。我们的测算结果与庞瑞芝、李鹏（2011）、冯宗宪等（2011）的研究结论基本一致。

---

① 1986 年“七五计划”把全国经济带划分为东、中、西三个区域。东部地区包括北京、天津、河北、辽宁、上海、江苏、浙江、福建、山东、广东；中部地区包括山西、吉林、黑龙江、安徽、江西、河南、湖北、湖南；西部地区包括内蒙古、广西、重庆、四川、贵州、云南、陕西、甘肃、宁夏、新疆。

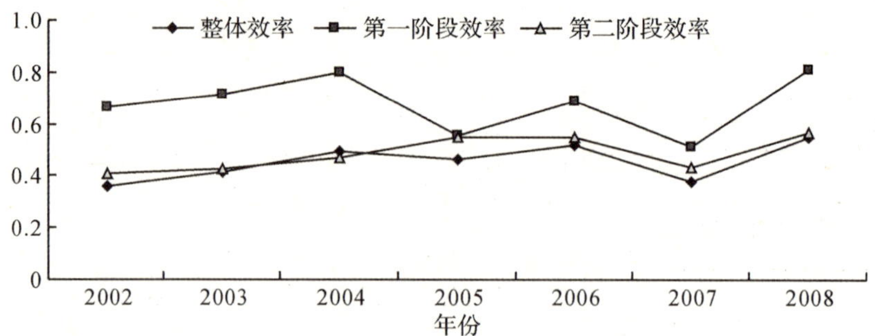

图 5.2 大中型工业企业创新效率变化趋势

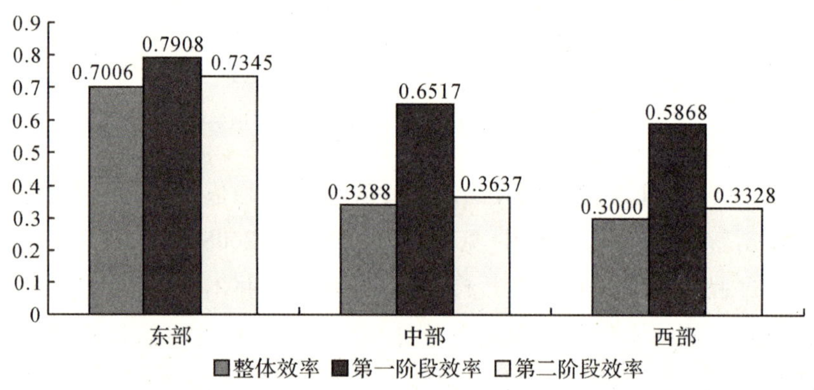

图 5.3 三大区域工业企业技术创新过程效率值

5.1.2 计量模型构建和数据处理

根据前文关于环境规制影响技术创新效率路径的探讨，并借鉴 Guan 和 Cheng(2012)与樊华、周德群(2012)的计量研究模型，我们构建垂直专业化与环境规制对技术创新效率影响的计量方程如下：

$$E_{it} = \beta_0 + \beta_1 ER_{it-1} + \beta_2 VSS_{it} + \beta_3 LnHC_{it} + \beta_4 LnMI_{it} + \varepsilon_{it} \quad (5.5)$$

考虑到环境规制与技术创新效率之间可能存在的非线性关系，我们在式(5.5)的基础上加入环境规制的平方项，重新构建如下计量方程：

$$E_{it} = \alpha_0 + \alpha_1 ER_{it-1} + \alpha_2 ER_{it-1}^2 + \alpha_3 VSS_{it} + \alpha_4 LnHC_{it} + \alpha_5 LnMI_{it} + \varepsilon_{it} \quad (5.6)$$

其中，E 表示技术创新效率，我们用创新过程整体效率 KIP 表示；ER 以 SO_2 去除率表示环境规制强度，由于环境规制对技术创新影响存在滞后效应，取环境规制强度的滞后一期进入方程；VSS 表示各省市参与国际垂直专业化分工的程度，用加工贸易额占总进出口贸易额的比重近似衡量；*HC* 表示人力资本存量，借鉴岳书敬、刘朝明(2006)的方法，使用人均受教育年限与企业就业人数的乘积度量，而各省市人均受教育年限则根据 Li 等(2009)的测算方法而得①，对人力资本存量取对数形式进入方程；*MI* 表示各省市的市场化程度，采用樊纲等(2011)发布的市场化指数，取对数形式代入模型。变量的描述性统计见表 5.1。

表 5.1 变量的统计特征值(样本数=196)

变量	平均值	中位数	标准差	最大值	最小值
KIP	0.454	0.352	0.287	1.013	0.079
ER	0.349	0.331	0.184	0.771	0.037
VSS	0.224	0.172	0.171	0.706	0.014
HC	1058.886	579.296	1373.954	8476.135	53.428
MI	6.726	6.420	1.947	11.710	3.040

5.1.3 回归结果分析

为了防止回归分析中出现“伪回归”，确保估计结果的有效性，必须对各面板序列的平稳性进行检验。本章利用 LLC、IPS、ADF、PP 四种检验方法对各变量进行平稳性检验，检验结果表明这 5 个经济变量之间存在稳定的线性组合，满足同阶单整，符合面板协整性检验的要求。据此采用 Kao(1999)提出的 ADF 统计量判断各个非平稳变量之间是否存在着协整关系。协整检验结果显示：计量模型中各经济变量均在 5%的显著水平下拒绝“不存在协整关系”的原假设。为此，我们将采用 28 个省市 2002—2008 年的面板数据分析环境规制对我国大中型工业企业技术创新效率的影响。

考虑到东部、中部、西部地区间的非均衡发展以及企业外部环境上的

① Kui-Wai Li 教授根据中国的国情区分了 6 种不同层次的教育程度，分别为小学、初中、高中、职高、中专、大学，其对应的受教育年限分别是 5 年、8 年、11 年、11 年、11 年、14.5 年，并利用接受不同层次教育程度的人数、死亡率和人口迁移率数据，通过永续盘存法测算了中国的人力资本存量，人均受教育年限由不同层次教育程度人群总的受教育年限与总人口之比计算得到。

差异性，本章分别按照东、中、西三大经济区域分组进行计量分析。为了避免截面异方差与同期相关性带来的影响，我们考虑使用 FGLS(cross-section SUR)的方法进行回归。回归结果见表 5.2：

表 5.2　环境规制对技术创新效率的影响分析

变量	东部地区		中部地区		西部地区	
	I	II	III	IV	V	VI
常数项	−1.038**	−1.031**	−0.514	−0.424	0.451*	0.247
	−2.344	−2.459	−0.664	−0.767	1.919	0.407
ER(−1)	−0.899	−1.835**	−0.095	−1.045	0.038	0.594***
	−0.479	−2.195	−0.384	−1.339	0.155	3.594
$ER^2(-1)$		2.453**		1.629		−1.145***
		(2.091)		(1.637)		(−3.095)
VSS	0.581*	0.572**	−0.592**	−0.567**	0.305*	0.144
	(1.915)	(2.129)	(−2.596)	(−2.049)	(1.828)	(1.056)
LNHC	0.007	0.014	0.149	0.157	−0.077	−0.067
	(0.099)	(0.168)	(1.256)	(1.381)	(−0.378)	(−0.564)
LNMI	0.683*	0.761**	−0.027	−0.031	−0.719***	−0.849***
	(1.931)	(2.392)	(−0.492)	(−0.229)	(−4.945)	(−3.598)
ADF 检验	−1.809**	−1.929**	−4.454***	−4.751***	−4.697***	−4.455***
Hausman 检验	5.189	5.762	5.254	4.198	17.047***	18.705***
拐点		0.377				0.259
F 值	5.189	5.762	8.398	7.785	8.872	9.891
R^2	0.528	0.558	0.477	0.485	0.781	0.813
样本数	60	60	48	48	60	60

注：括号内为 t 的统计特征值，***、**、* 分别表示 1%、5%、10% 显著水平；ER(−1)表示环境规制强度的 1 年滞后项。

(1)环境规制对创新效率的影响。在不考虑非线性回归结果时，模型 I 中 *ER*(−1) 的系数为负，模型 V 中 *ER*(−1) 的系数为正，但都未能通过显著性检验。而在考虑非线性影响并加入 *ER*(−1) 平方项的回归中，模型 II、模型 VI 中 *ER*(−1) 的系数符号不变，不仅通过了显著性检验，而且系数值也大大提升。模型 II 中，$ER^2(-1)$ 的系数为 2.453，在 0.05 水平上显著，表明在东部地区环境规制强度与企业技术创新效率之间符合

"U"形关系，即随着环境规制强度由弱逐渐变强，将对企业技术创新效率产生先降低后提升的影响。与模型 II 相反，在模型 VI 中 $ER^2(-1)$ 的系数为－1.145，在 0.01 水平上显著，表明在西部地区环境规制强度与企业技术创新效率之间呈现倒"U"形关系，即伴随环境规制强度的不断增强，其对企业技术创新效率将产生先提升后削弱的作用。在东部地区与西部地区中，环境规制对技术创新效率作用方向的拐点分别为 0.377 和 0.259。从本章的样本区间来看，东部省份的环境规制强度大多分布在"U"形曲线的右端，而西部省份则多数处于倒"U"形曲线的右端。因此，加强环境规制强度对东部地区企业技术创新效率具有积极的正向效应，但对西部地区企业的技术创新效率产生负向影响。环境规制对中部地区技术创新效率的影响不显著，可能是中部地区样本较少所导致的(中部地区仅有 8 个省份，而东、西部地区分别有 10 个省份)。

(2)国际垂直专业化对技术创新效率的影响。参与国际垂直专业化对东部地区企业技术创新效率具有显著的正向作用，而在中西部地区对技术创新效率的积极效应并不明显。造成的原因主要有：一是东部沿海省份凭借较优越的地理区位优势、较完备的基础设施与产业配套能力，在参与国际垂直专业化分工中具有先动优势。2002—2008 年间东部沿海省市工业垂直专业化程度平均值约为 0.395，而同期中西部省市这一指标的平均值仅为 0.131 左右。因此，中西部地区企业参与国际垂直化的比例过低，难以发挥其对技术创新效率的促进作用。二是东部沿海省市参与国际垂直专业化主要集中在中高技术产业，如珠三角的电子产品产业集群、长三角笔记本电脑产业链等，国内企业通过参与这些技术密集型产业的生产工序，能够通过对标杆企业的学习获取更大的技术外溢效应，并促进自身技术创新效率的提升。而广大中西部地区在国际分工中主要依靠劳动力成本上的比较优势参与劳动密集型工序环节，这些工序环节的技术含量不高，本土企业所能获得的技术外溢效应也相对有限。三是中西部省市的人力资本相对匮乏、基础设施条件相对落后，这一定程度上制约了国际分工协作过程中企业自身技术吸收能力的提升。

(3)人力资本对技术创新效率的影响。人力资本存量在东、中、西三大经济区域对技术创新效率的影响系数都未能通过 10%的显著性水平检验，即人力资本存量整体对技术创新效率的正向积极效应不明显。我们的结果与朱承亮等(2011)的研究结论是一致的。在本章的样本区间,东、中、西三大经济区域人均受教育的年限分别为7.35、6.81和5.67,仅相当于初中文化程度。而人力资本对技术创新效率的促进作用主要取决于其中高学历、高素质科研人员的比重。这部分人力资本的技术吸收、模仿、创新能力更强,对技术创新效率的改善作用更大。因此,本章的研究结果可能与指标选择中未对人力资本结构进一步细分有关。此外,史修松等(2009)的研究也表明,创新人员的不合理配置以及创新人员的科研水平难以与科技硬件的要求相匹配,也是制约人力资本对区域创新效率发挥作用的重要因素。

(4) 市场化程度对技术创新效率的影响。市场化程度对东部地区企业技术创新效率具有明显的促进作用,而在中西部地区并没有对技术创新效率产生积极影响。这主要是由于我国区域经济发展存在着非均衡现象,东部省份经济较为发达,而中西部省份相对落后。东部地区产品市场、要素市场以及中介组织发育程度较高,法律、法规较为健全,更有利于发挥市场机制对创新资源的优化配置,减少"搭便车"与非生产性的寻租行为,并能充分调动和激发企业家的创新热情,进而提高企业的技术创新效率。而在中西部地区,相关情形则恰恰相反。中西部省市的研发基础相对薄弱,其研发资金中相当一部分都是来自于中央与地方政府的财政拨款。如果脱离当地经济发展实际,片面追求提高市场化程度,比如过度强调知识产权保护,就有可能增加企业的模仿创新成本,并对技术创新效率产生消极作用。王丽英(2010)在探讨市场化程度与经济增长的关系时也发现,市场化程度对东部地区经济增长的贡献在增加,而对中西部地区的贡献在不断削弱。

5.2 环境规制与企业技术创新过程效率

在前文的理论分析中,笔者提出环境规制可以通过改善信息交流功能、创造新的市场需求、影响企业发展的空间布局以及创新的决策环节,对技术创新效率产生作用。出于数据可得性方面的考虑,我们仅对环境规制—产业集聚—技术创新效率这条路径进行验证分析。接下来,本章将基于地区经济发展水平上的差异,从产业集聚视角切入,梳理从环境规制到产业集聚再到技术创新效率的作用机理,然后以产业集聚为中介变量构建相应的实证模型，并引入中国省级层面的数据进行分析。与以往众多单单考察技术创新的整体效率的研究不同，本章的创新之处在于，利用网络 DEA 模型测算了技术创新子过程的效率，即创新资源转化率和创新知识转化率，并对环境规制影响技术创新子过程效率中产业集聚的中介效应进行实证检验。

5.2.1 环境规制对企业技术创新过程效率的作用机制:产业集聚视角

环境规制作为政府社会性规制的一个重要内容，其出发点就是使生产者与消费者在做出决策时将外部成本考虑在内，并将他们的行为调节到社会最优化生产和消费的组合(傅京燕，2006)。如果我们将环境要素也当作资源要素来考虑，那么，环境规制就是采用政府干预的形式为环境要素定价，从而使其具有经济物品的特性。对于企业来讲，由环境规制引致的污染防治支出、排污税及行政处罚等，就相当于环境要素的价格。严格的环境规制将给企业造成额外的成本负担，包括控制污染所花费的直接成本和受规制影响的企业由于某些生产要素价格提高而造成的间接成本，并进而影响产业区际转移与空间布局。魏玮、毕超(2011)的研究证实环境规制对产业转移中新建企业的区位决策具有显著作用，而且对中部地区的作用较西部地区更大。

20 世纪 90 年代以来，中国面临的环境问题日益严峻，国家环保部门动用经济、法律、行政等手段不断加强环境监管力度。环境规制一方面通过“创新补偿”效应提升企业的生产技术水平；另一方面通过设置绿色进入壁垒、影响产业集聚进而对创新效率产生作用。从总体上分析，环境规制对企业发展的空间布局产生或“集聚”或“迁移”的影响:(1)在区域经济发展程度较低、产业集聚不足的阶段，环境规制对推动产业集聚发展具有正向作用。以国际垂直专业化分工模式在东部沿海的集聚现象为例，相对宽松的环境规制与丰富的劳动力资源是跨国公司向我国转移劳动密集型、污染密集型工序环节的主要原因。而东部省份在地理上的优势以及相对发达的市场化程度，便利各类生产要素资源的汇聚，这在客观上也促进了国际垂直专业化分工在这些地区的发展。与此同时，面对日益严格的环境标准，集聚经济的优势开始显现，比如区域内企业可以通过共同购买、共享污染减排设施以提升应对环境成本上升的能力，企业间的技术、知识、资本等外溢效应可以降低生产成本。此外，政府还动用行政手段，对一批污染严重而又难以治理的企业实行“关、停、并、转、迁”，这也对行业产业集中度水平的提升具有积极影响。近年来在一些地方涌现的生态工业园区①，也证实了环境规制下企业集聚现象的存在。(2)在区域经济发达程度较高、产业集聚过度浪费的阶段②，环境规制对产业集聚产生分散力作用。环境作为一种资源，具有稀缺性和公共物品性；同时，其污染具有负的外部性。一方面，当某一地区集聚的产业总量过度增长时，其产生的污染排放总量可能超过该区域的“环境承载阈值”，并导致分散离心力增强；另一方面，随着经济发展和收入水平的提高，人们对清洁环境的需求随之上升并将倒逼政府采取更为严格的环境规制措施，这也使得污染密集型企业的污染减排成本大幅增加。因此，在我国东、中、西部地区收入水平、环境污染容忍度以及环境规制的执行力度存在显著差异的情形下，部分污染密集型的生产环节将逐步从经济发达的区域向经济相对落后的地区迁移。因此，环境规制对产业集聚的双重效应是与区域经济的非均衡发展紧密相关的。

提升技术创新过程效率的重要前提是区域内创新要素的优化配置。以规模报酬递增和产业集聚为代表性观点的新贸易理论及新经济地理学认为，大量的企业集聚在一起可以获得技术溢出、资源共享和范围经济等诸多好处，理论上集聚会因学习效应和竞争效应而有利于创新效率的增进。既然环境规制可以对产业集聚这个变量产生影响，从逻辑上推断，在环境规制、产业集聚与技术创新过程效率这三个变量之间，构成一个链条式关联，这个链条从本质上构成了一条从环境规制到技术创新过程效率的传导机制，如图 5.4。

---

① 生态工业园区是由制造企业和服务企业组成的群落，力求借助在环境管理和资源管理方面的合作提高经济及环境效益，其整体效益远大于各个企业通过优化可能获得的个体效益的总和。我国自 1999 年开始创建生态工业园区的试点工作，生态工业园区被认为是继经济技术开发区、高新技术产业开发区发展的第 3 代产业园区。截至 2011 年底，全国已有 15 个国家生态工业示范园区。其中包括广西贵港国家生态工业(制糖)示范园区、广东南海国家生态工业示范园区暨华南环保科技产业园、内蒙古包头国家生态工业(铝业)建设示范园等。

② 已有的研究表明，制造业在改革以后越来越集中在东部沿海地区，导致过度集聚并呈现“极度东倾”的空间布局现象(Wen，2004；汪彩君、唐根年，2011)。

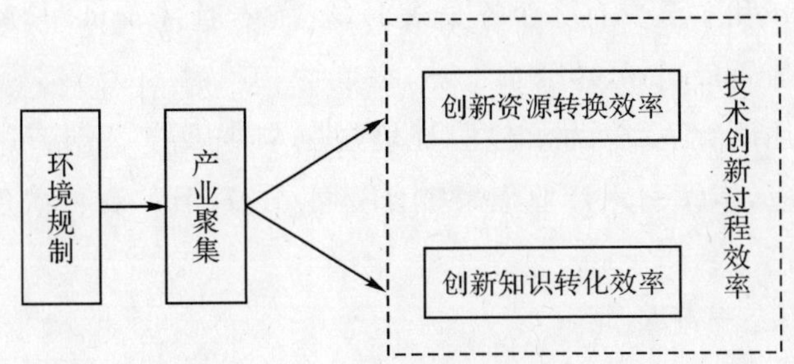

图 5.4　环境规制对企业技术创新过程效率作用机理

5.2.2　中介效应检验的路径设计

由上文的理论分析框架可知，在环境规制—产业集聚和技术创新过程效率三者间链条关系的机理中，产业集聚实际上是传导环境规制—技术创新过程效率的中介变量。中介变量作为一个统计学概念，是联系自变量和因变量之间关系的纽带，主要体现的是一种作用机制，即通过该机制自变量能实现对因变量的影响(Baron、Kenny，1986)。如图 5.5a 所示，当自变量 X 影响变量 M，变量 M 影响因变量 Y 时，则 M 被称作中介变量。其中，c 表示 X 对 Y 的总效应，a、b 是中介效应，c' 是直接效应。接下来本章将在环境规制与技术创新过程效率的关系探讨中，引入产业集聚变量作为中介变量，应用中介效应检验方法来验证产业集聚的中介效应是否存在，并尝试着通过对中介效应大小的估算，旨在为企业技术创新过程中各阶段的效率改善提出针对性的对策建议。

中介效应检验的方法有多种①，本章采用温忠麟等(2004)提出的依次检验程序方法。该方法既可以完成部分中介检验，也可以做完全中介检验，易于理解、操作且应用的频率较高。依次检验法的程序，大致可以分为以下三个步骤：步骤一是检验系数 c 是否显著，若 c 显著则可执行下一步的中介检验流程，否则将停止中介效应检验；步骤二是依次检验系数 a 和 b 是否显著；步骤三视前一环节的结果而定。当 a 和 b 都显著时，则检验系数 c' 的显著性，若 c' 显著则表明中介效应显著，反之则完全中介效应

---

① 依照原假设的不同，中介效应检验的方法可以分为依次检验法(Baron、Kenny，1986)、联合检验法和差异系数法(Clogg 等，1992)等。

显著。而当 a 和 b 至少有一个不显著时，就需要通过 sobel 检验以判定中介效应显著与否(Sobel,1982)。

依照上述研究思路，为了检验环境规制与企业技术创新过程效率之间的中介效应，本章引入产业集聚中介变量(图 5.5b)，并依次建立如下中介效应回归模型：

$$EP_{it} = \alpha_1 + cER_{it-1} + u_{it}$$

$$GN_{it} = \alpha_2 + aER_{it-1} + v_{it}$$

$$EP_{it} = \alpha_3 + c'ER_{it-1} + bGN_{it} + \varphi_{it}$$

其中，EP_{it} 为技术创新子过程的效率；ER_{it-1} 为环境规制力度，取各地工业企业环境规制强度滞后一期的数据衡量；GN_{it} 为各地工业的集聚程度。文中根据 F 检验、LM 检验及 Hausman 检验以确定最优的估计方法。

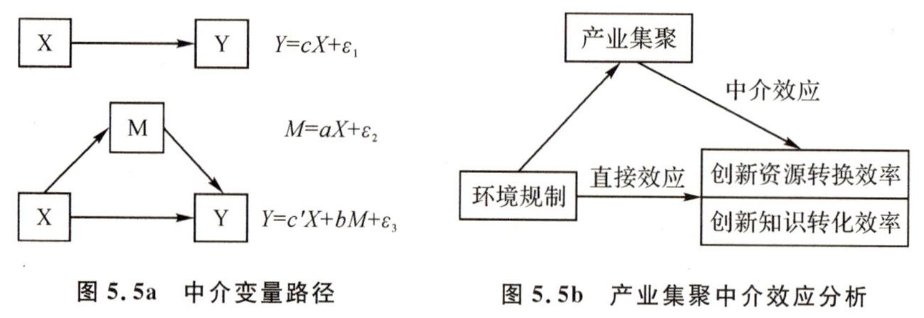

图 5.5a　中介变量路径　　**图 5.5b　产业集聚中介效应分析**

5.2.3　环境规制与企业技术创新过程效率：产业集聚中介效应实证

5.2.3.1　变量及数据说明

我们采用 2002—2008 年我国 28 个省市的工业企业面板数据进行分析。对企业技术创新子过程的效率，我们根据网络 DEA 模型的方法进行测算，在将技术创新的过程划分为两个相互关联的子阶段后，分别用各地大中型企业的创新资源转换效率 KPP_{it} 和创新知识转换效率 KCP_{it} 衡量。关于环境规制指标，国内外学者出于各自研究目的的不同，采用的测度方法也存在一定程度的差异。考虑到数据的完整以及测算方法的简便、易行，本章选取 SO_2 去除率来度量地区环境规制强度。相对于废水处置较高的达标率来说，SO_2 的去除难度以及所需技术要求也较高。我国"十二五"环境保护的主要指标中指出，2015 年全国

SO_2 排放总量力争控制在 2046.2 万吨，比 2010 年的 2267.8 万吨减少 8%左右。因此，我们采用 SO_2 去除率近似衡量地区环境规制强度具有一定的合理性。对于工业的集聚度，我们参照赵伟、张萃(2009)方法，用地区工业产值占全国的比重测算得出。相关环境规制数据来自历年《中国环境年鉴》，工业企业数据来自历年《中国统计年鉴》《中国科技统计年鉴》。

5.2.3.2 产业集聚中介效应的地区差异性检验

由于地区之间在环境资源禀赋、经济发展水平以及政府部门政策取向上存在差异，因而环境规制对各地产业集聚的作用力大小及方向不同，进而对特定区域企业技术创新过程效率的影响也不一样。有鉴于此，我们将 28 个省市划分为东、中、西三大经济区域进行考察。中介效应检验结果见表 5.3。

表 5.3 分地区的产业集聚中介效应检验

检验步骤及回归系数		I 东部 KPP	II 中部 KPP	III 西部 KPP	IV 东部 KCP	V 中部 KCP	VI 西部 KCP
步骤一	c	0.076*** (4.504)	0.657 (0.992)	−0.313* (−1.701)	0.067 (0.845)	0.216** (2.077)	0.209* (1.686)
步骤二	a	−0.691*** (−9.252)	—	0.328*** (4.445)	—	0.381*** (5.545)	0.328*** (4.445)
步骤三	c′	0.132*** (3.031)	—	0.153 (1.226)	—	0.025 (0.179)	0.223* (1.832)
	b	0.073 (1.667)	—	−0.751*** (−5.154)	—	0.324** (2.263)	0.113 (1.167)
Sobel 检验	z	−1.671	—	—	—	—	1.127
中介效应检验	结论	显著	不显著	显著	不显著	显著	显著
中介效应大小	ab	−0.051	—	−0.246	—	0.123	0.037

注：KPP 代表创新资源转换效率，KCP 代表创新知识转换效率；***、**、*分别表示 1%、5%、10%水平上显著。

(1)环境规制—产业集聚—创新资源转换效率的作用机制检验。如表 5.3 中 I—III 列所示，产业集聚的中介效应在东、西部地区环境规制对创新资源转换效率的影响中显著，而在中部地区不显著。模型 I 中 c′为 0.132，且在 1%下显著，说明环境规制对东部地区企业创新资源转换效率提升具有明显为正的直接效应。步骤二与步骤三回归系数中，a 显著为负而 b 不显著，为此需要进一步通过 Sobel 检验来判断中介效应是否显著。

采用 Sobel 检验得到统计值 Z 为－1.671，而该统计量在5%显著性水平上对应的临界值为0.97，表明产业集聚在东部地区环境规制与创新资源转换效率之间的中介效应是显著的，即环境规制降低了东部地区工业的集聚水平，进而对创新资源转换效率产生负向效应。在模型 III 中，回归系数 c、a、b 显著而 c′不显著，表明产业集聚在西部地区具有完全中介效应，即环境规制对西部地区企业创新资源转换效率的负向影响通过产业集聚的中介作用得到完全的体现。在模型 I、III 中，东、西部地区产业集聚的中介效应都显著为负，但其作用机制却并不相同。究其原因主要在于：东部地区的产业集聚主要通过市场自主机制和企业间的内在关联形成，环境规制迫使一些高能耗、高污染的企业向经济落后地区转移，原本配套较成熟的产业链在上、中、下游环节的某一节点上被割裂断开，而该地区战略性新兴产业的引入及培育尚需时日，这在一定程度上限制了产业集聚带来的知识溢出效应及竞争效应的发挥，进而对东部企业创新资源转换效率产生负向作用；而在西部地区产业集聚主要是通过政府的优惠政策形成，多为低级层次上的“扎堆”，企业之间缺乏内在的化学反应，在知识产权尚不够健全完善的环境中，可能诱使企业更多地采取跟随、模仿战略及低成本的竞争策略，进而对集群内企业的技术创新活动产生消极影响。张杰等(2007)采用江苏省342家制造企业微观数据进行的研究也表明，在低水平的产业集聚中，专业化分工和创新网络协作等体现产业集群高端竞争优势的效应难以得到发挥，因此环境规制虽然提高了西部地区产业的集聚程度，却并不利于创新资源转换效率的提升。

(2)环境规制—产业集聚—创新知识转化效率的作用机制检验。表5.3中 IV—VI 显示，产业集聚的中介效应在中、西部地区环境规制对创新知识转化效率的影响显著为正，而在东部地区不显著。模型 V 中回归系数 c、b 通过5%的显著性检验，a 在1%水平下显著而 c′不显著，表明环境规制对中部地区企业创新知识转化效率的正向作用通过产业集聚的中介效应得到完全的体现。模型 VI 中回归系数 c、a、c′显著而 b 不显著，依次进行 Sobel 检验的结果表明，产业集聚在西部地区环境规制与创新知识转化效率之间的中介效应明显为正。在模型 V、VI 中，环境规制促进了中、西部地区产业集聚，并有效提升了创新知识转化效率。这是由于中、西部地区产业集群的竞争优势主要体现在低成本生产要素、成本降低型的技术模仿以及外部规模经济递增等低端竞争要素的支撑(张杰等,2007),相应地,集群内企业更加注重技术创新的商业化过程,在生产上倾向于从外部引入先进的技术、生产设备进行规模化经营,在营销上采取"抱团式"策略引导、培育新的市场需求,因此环境规制在中、西部地区通过产业集聚的中介效应,对创新知识转化效率具有积极的正向作用。

5.3 本章小结

技术创新效率是影响企业技术创新能力的关键因素之一。与以往大多采用单个生产过程效率的测算方法不同,为了打开创新过程的"黑箱",我们利用网络 DEA 模型测算了中国区域大中型工业企业技术创新的整体效率与两个子阶段技术创新过程的效率,并将环境规制与国际垂直专业化同时纳入对企业技术创新整体效率影响因素的考察。实证研究的结果表明:①环境规制强度与技术创新效率在东部地区符合"U"形关系,在西部地区呈现倒"U"形关系,在中部地区尚未形成统计检验上显著的"U"形关系;②国际垂直专业化水平和市场化程度对东部地区技术创新效率的提升具有显著的促进作用,而在中西部地区并没有对技术创新产生积极影响;③人力资本存量在东、中、西三大经济区域未能对技术创新效率发挥明显的正向作用。

为了对环境规制影响技术创新效率的机理进行检验,我们从产业集聚视角切入,尝试着构建了从环境规制到产业集聚再到技术创新过程效率之间的链条关系,这个链条构成了环境规制对技术创新效率影响的效应传导机制之一,意味着环境规制可以通过影响工业企业的空间布局对技术创新效率产生作用,这也基本体现了新经济地理学关于产业集聚对技术创新行为重要影响的规范推断。引入中国三大经济区域工业数据的中介效应检验结果,在一定程度上支撑了从环境规制到产业集聚再到技术创新过程效率之间存在的链条效应机理。具体结论为:①环境规制对技术创新过程中两个相互关联子阶段效率的作用方向不同步,其中,环境规制对西部地区创新资源转换效率具有明显的负向效应,对中、西部地区知识转化效率产生显著的正向促进作用,这也从另一个角度为证明环境规制与技术创新过程整体效率之间存在着非线性关系提供了经验证据。②环境规制对三大经济区域工业的空间布局产生或分散或集聚的作用,在区域集群质量存在差异的情况下，相应地对不同地区技术创新过程效率的影响也明显不同。在以创新资源转换效率为被解释变量的中介效应模型中，环境规制的总效应在东部地区显著为正，而在西部地区明显为负，值得一提的是在东、西两大经济区域中产业集聚的中介效应都显著为负，而且西部地区的中介效应相对较大，说明环境规制对西部地区创新资源转换效率的作用通过产业集聚这个中介效应得到了较大程度的体现，而其对东部地区创新资源转换效率的正向效应不是通过产业集聚渠道而是通过影响创新决策环节、创造新的市场需求等其他途径实现的。与之相对应，在以创新知识转化效率为被解释变量的中介效应模型中，环境规制的总效应与产业集聚中介效应在中、西部地区都显著为正，说明环境规制通过提高经济欠发达地区的产业集聚水平，进一步提升了创新知识转化效率。

第6章

垂直专业化、环境规制与制造业绿色全要素生产率

在中国环境形势总体依然严峻的情形下，立足垂直专业化背景探讨加强环境规制与绿色全要素生产率的关系问题，对于实现“十二五”节能减排目标以及我国企业的技术创新具有很强的现实意义。因此，本章首先基于 Hummels 等(2001)的分析框架，利用中国投入产出表测算了 27 个制造行业的国际垂直专业化水平，并以面板数据模型检验了垂直专业化分工对技术进步的影响及其行业差异性；其次利用 SBM 模型测算了中国 2002—2009 年 27 个制造行业的绿色全要素生产率，并以行业面板数据实证分析了制造企业参与国际垂直专业化过程中加强环境规制对绿色全要素生产率的影响。

6.1 垂直专业化的技术进步效应

自 20 世纪 90 年代初期以来，中国采用大规模进口核心部件和资本品，再大规模出口最终产品的方式参与国际垂直专业化，导致出口加工贸易迅猛增长。以美元计算，中国进出口额从 1995 年的 2808.6 亿美元上升到 2008 年的 25632.6 亿美元，增幅达到 812.8%。2008 年中国加工贸易占总进口的比重达到 93%，占总出口的比重达到 73.6%。垂直专业化与中国对外贸易的“爆炸式”增长现象引起了国内外众多学者的关注。在这一背景下，关于垂直专业化能否促进中国制造业的技术进步有着两种截然不同的观点。

持肯定态度的观点主要认为：垂直专业化是发挥制造业比较优势，参与全球价值链分工的重要形式。Hummels，Ishii 和 Yi(2001)的研究表明，随着国际外包的发展，南北国家间的技术转移将变得越来越重要。当一国积极参与垂直专业化时，从发达国家进口的原材料和零配件，会通过投入产出效应、研究模仿等提升进口国的生产率，实现相关行业的技术进步与产业升级。持否定态度的观点认为：以发达国家为价值链“链主”的垂直专业化有可能使我国企业长期被锁定在技术含量较低的低端生产环节(姚洋、张晔，2008)。产品的非一体化生产意味着，低成本的发展中国家将凭借“洼地成本”优势吸引劳动密集型产业的生产、装配环节，从而使这些国家出现高技术产品出口“爆炸式”增长的假象(Srholec，2007)。在国际大买家的“纵向压榨”和“技术锁定”下，发展中国家缺乏自主创新的动力，技术升级变得更加困难。王和魏(Wang and Wei,2007)基于城市层面数据的研究认为：加工贸易对中国出口技术结构不仅未起到多大的提升作用，甚至还在一定程度上表现为负效应。而唐东波(2012)采用2004年中国工业企业微观数据的实证研究发现，从OECD发达国家进口中间品份额的上升对提高我国高技能动力的就业比例具有积极作用，而从亚非拉国家进口中间品份额的增加将导致劳动力技能水平相对降低。那么，从实际情况来看制造业参与国际垂直化分工，到底是形成了对进口品的依赖，抑制了自身技术水平的提升，还是促进了本国相关行业的技术进步？显然，关于这一问题的回答对制造业以何种方式参与全球竞争意义重大。

目前国内关于垂直专业化与技术进步的研究尚不多见。盛斌、马涛(2008)和孟祺(2010)虽然考察了垂直专业化与技术进步之间的相互关系，但他们未能区分垂直专业化促进技术进步在不同行业之间的异质性。本章利用中国投入产出表数据计算了27个[①]制造业行业的垂直专业化程度，检验了垂直专业化分工与制造业技术进步之间的内在机理，并通过引入虚拟变量分析了垂直专业化促进技术进步的行业差异性。

6.1.1 理论分析和假设发展

6.1.1.1 国际垂直专业化对技术进步影响的途径分析及其假说

垂直专业化对技术进步有一定的积极影响，而可能影响的途径主要有以下三个方面：一是企业将生产阶段中不具备优势的原材料或服务投入品外包给国外企业生产，而专注于自己具有比较优势的环节进行生产，这有利于实现生产成本的降低和资源的优化配置；此外，伴随生产非一体化而形成新的产业集聚也将为企业间的技术外溢和技术创新创造条件。二是进口新的中间投入产品能够通过投入产出效应提升进口国的生产率，处于产品内分工价值链的企业能够从全球获得比国内价格低或者质量高的中间投入品，中间产品多样性的增加和质量提升以及隐含在资本

① 为了统一口径，我们将1997年投入产出表124个部门、2002年投入产出表122部门、2007年投入产出表135部门进行归类合并。合并后的27个制造行业部门同第四章的具体分类。

品中的先进技术，可以帮助企业逐步形成自身的生产研发能力、并实现技术上的进步和产业升级。三是国内进口部门与国外出口部门围绕同一个产品形成了一个分工、协作的生产体系，它们之间的前、后向产业关联效应明显，因此，无论是为了保证产品质量还是增强价格和数量上的竞争力，都促使生产链上的企业部分地共享资源，从而加速了国外技术的扩散和传递。因此，提出：

假设 1：国际垂直专业化有利于促进制造企业技术进步。

6.1.1.2 国际垂直专业化对技术进步作用程度的影响因素及假设

理论分析表明，国际垂直专业化对提高制造业技术进步有促进作用，但作用程度受行业差异性的影响。不同性质的行业，国际垂直专业化的程度不同，其对技术进步影响的程度也不同。

(1)行业研发密集度因素。研发支出是影响技术进步的重要因素。罗默(Romer，1990)、Grossman and Helpman(1991b)、阿吉翁和豪伊特(Aghion and Howitt，1992)等人的研究与开发增长模型表明：本国的研发投资对本国生产率具有显著的促进作用 。通常研发支出较高的行业，技术能力较强，生产成本相对较低，从而产业国际竞争力更强。考虑到这些因素，提出：

假设 2：行业研发密集度越高对制造业技术进步的提升作用越明显。

(2)行业集中度因素。在行业集中度高的行业，由于竞争程度不够或甚至存在垄断现象，企业缺乏提升技术水平的动力，从而延缓或阻碍了行业的技术进步。与之相反，行业集中度越低，厂商为提升产品质量、满足客户多样化的需求以及在全球日趋激烈的市场竞争中获取更多的经济利益，都竞相开展自主研发，引进、消化先进技术，以期在未来的市场竞争中占据主动地位。

考虑到这些因素，提出：

假设 3：在行业集中度低的产业中，垂直专业化促进技术进步的作用更大。

(3)行业出口密集度因素。行业的开放程度越高，出口企业为了满足国外消费者对质量的“苛刻”要求和外国政府对进口品的各种规制条件，就必须按照进口国对产品的质量、式样以及偏好等要求来组织生产；同时发达国家的采购者为了保证供应链的稳定和质量，也会对出口企业提供人力资本培训、国际市场信息和技术支持等服务。因此,行业的外向度对这些企业的技术提升将起到正面作用。然而,相对于国内企业,出口密集高的企业面临日趋激烈的国际市场竞争,在全球价值链分工中获得的利益反而减少,尤其在国际大买家的“纵向压榨”和“技术锁定”下,技术升级变得更加困难。考虑到这些因素,提出:

假设 4:行业出口密集度因素对制造业技术进步的影响不确定。

(4)行业技术密集度因素。高技术或者资本密集型产业的“干中学”效应更强,在参与全球价值链的分工、协作中,这些产业有能力获得更大的“技术外溢”效应。这种学习效应在低技术或者劳动密集型产业中的作用比较有限,因为他们的技术吸收能力相对较弱,不得不专业化生产低附加值、低技术的工序环节。埃格·哈特穆特和埃格·彼得(Egger,H. and Egger,P. ,2006)在对奥地利制造产业的分析中也得出了类似的观点。因此提出:

假设 5:在行业技术密集度高的产业中,垂直专业化促进技术进步的作用更大。

6.1.2 中国制造业垂直化程度与技术进步的测算

6.1.2.1 中国制造业垂直专业化程度的测算

垂直专业化份额(Vertical Specialization Share)是指出口产品中所包含的进口中间投入品的比例,本章用此指标测算制造业参与全球价值链分工的程度。由于缺乏分行业的中间品贸易数据,我们采用 Hummels, Ishii 和 Yi(2001)提出的投入产出表法计算 VSS。令 u 为元素为 1 的 $1\times n$ 维向量;$A^M=(a_{ij})_{n\times n}$ 是对进口的中间产品的依存系数矩阵,也称进口系数矩阵,元素 a_{ij} 为生产一单位 j 行业产品需要从 i 部门进口的中间投入;$A^D=(b_{ij})_{n\times n}$ 为国内消耗系数矩阵,元素 b_{ij} 是生产一单位 j 行业产品用到的国内生产的 i 行业的产品投入;$(I-A^D)^{-1}$ 为里昂剔夫逆矩阵,反映了进口中间产品作为初始投入在国内各部门中循环使用的效果;X^V 为 $n\times 1$ 维出口向量;EX 为国内各行业出口总和。其中,$A^D+A^M=A$,A 为投入产出表的直接消耗系数矩阵。则一国总出口垂直专业化份额为:$VSS=(1/EX)[uA^M(I-A^D)^{-1}X^V]$。根据国家统计局提供的 1997 年、

2002 年和 2007 年三张投入产出表对制造业的垂直专业化程度进行了计算,测算结果见表 6.1。

表 6.1 1997—2007 年中国制造业垂直专业化水平(VSS)

	1997	2002	2007		1997	2002	2007
E1	0.074	0.097	0.120	E15	0.212	0.228	0.283
E2	0.085	0.104	0.134	E16	0.151	0.146	0.256
E3	0.058	0.028	0.069	E17	0.190	0.230	0.274
E4	0.145	0.180	0.169	E18	0.113	0.138	0.165
E5	0.147	0.199	0.166	E19	0.163	0.162	0.254
E6	0.144	0.188	0.169	E20	0.161	0.191	0.269
E7	0.129	0.173	0.201	E21	0.159	0.180	0.220
E8	0.146	0.173	0.183	E22	0.146	0.194	0.242
E9	0.127	0.156	0.202	E23	0.177	0.202	0.244
E10	0.131	0.140	0.184	E24	0.171	0.197	0.253
E11	0.165	0.188	0.239	E25	0.193	0.223	0.291
E12	0.195	0.230	0.317	E26	0.287	0.372	0.451
E13	0.159	0.208	0.259	E27	0.215	0.304	0.384
E14	0.094	0.120	0.155				

资料来源:经作者计算处理。

从图 6.1 来看,中国制造业垂直专业化程度整体上升较快,由 1997 年的 0.172 上升到 2007 年的 0.291,增长了 69.19%。其中:仪器仪表及办公用品制造业上升幅度最大,达到 78.86%;上升幅度最小的服装及其他纤维品制造业,也有 12.8%的增长。

6.1.2.2 中国制造业技术进步的度量

国内外学者在研究技术变化时一般通过计算全要素生产率(TFP)变动来进行。TFP 是经济增长中不能为资本、劳动等投入要素所解释的部分,常被用作技术进步的代名词。传统测算全要素生产率(TFP)的方法是索洛剩余法。这种方法需要具备的假设前提包括:生产函数的形式已知,经济主体的生产效率总是处在最佳水平,中性的技术改变以及不变的规模报酬等。若以上假设不成立,TFP 测量将是有偏的(Coelli 等,

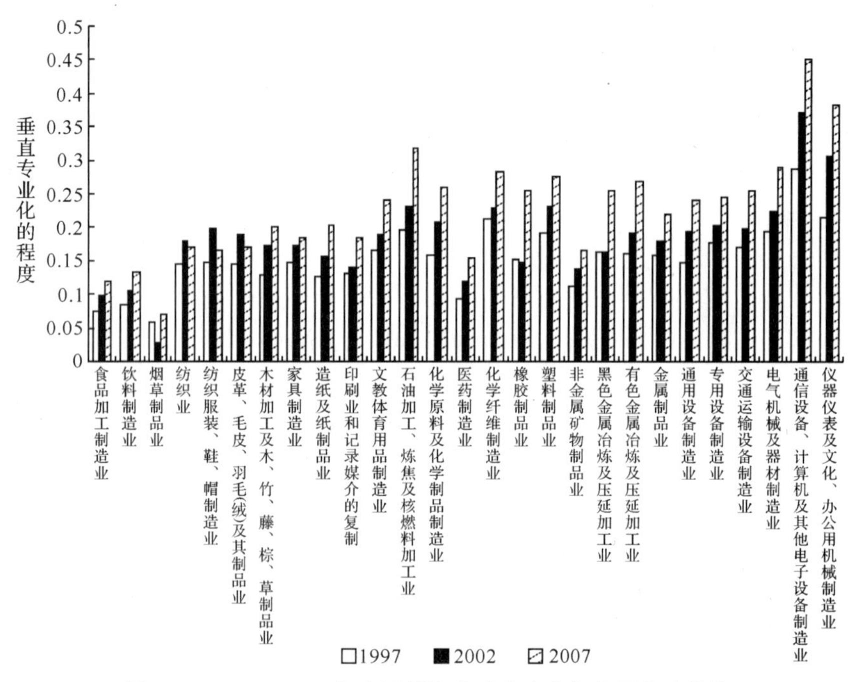

图 6.1　1997—2007 年中国制造业垂直专业化水平变动趋势

1998)。由于该方法存在的局限性,本章采用目前流行的非参数分析方法——数据包络分析法(Data Envelopment Analysis, DEA)来测度中国制造业 TFP 的 Malmquist 指数。

我们在规模经济恒定假定基础上,运用 DEAP2.1 软件对中国制造业的 Malmquist 生产率指数进行测定。在计算时,选取 27 个制造行业作为决策单元。决策单元的产出变量以工业总产值表示,并以各行业工业品出厂价格指数与当年价的工业增加值折算成 1996 年不变价。决策单元的投入变量有三个,分别为资本、中间投入和劳动。选取固定资产净值年平均余额作为资本投入,并以各地区各年的固定资产投资价格指数折算成 1996 年不变价;中间投入用工业总产值与工业增加值的差近似替代中间投入,并折算成 1996 年不变价;以各地区各行业全部从业人员年平均人数作为劳动力投入。选择输入的数据期数为 12 期,从 1996 年到 2007 年。据此,测算了 1997 年至 2007 年中国制造业逐年的 Malmquist 生产率指数。本章工业总产值、工业增加值、固定资产净值年平均余额、全部从业人员年平均人数的数据来自《中国统计年鉴》各期。

技术进步是用全要素生产率(TFP)而不是它的增长来度量,因此需要对 Malmquist 生产指数进行相应变换。TFP 是根据测得的 Malmquist 生产指数进行相乘得到的(邱斌等,2008)。因为 Malmquist 生产指数是相对于上一年的生产率变化率,我们假设 1996 年 TFP 为 1,1997 年的 TFP 为 1996 年的 TFP 乘以 1997 年的 Malmquist 生产指数,1998 年的 TFP 为 1997 年的 TFP 乘以 1998 年的 Malmquist 生产指数,依次类推。具体测算结果见表 6.2。

表 6.2　1997—2007 年中国制造业全要素生产率水平(TFP)

	1997	2002	2007		1997	2002	2007
E1	1.012	1.271	1.779	E15	1.007	2.523	4.480
E2	1.003	1.015	1.597	E16	0.957	1.030	1.298
E3	1.063	1.635	2.786	E17	1.012	1.315	1.781
E4	0.993	1.202	1.738	E18	1.011	1.130	1.883
E5	0.940	1.095	1.348	E19	0.995	1.177	1.912
E6	1.047	1.403	1.901	E20	0.978	1.250	2.422
E7	0.981	1.026	1.815	E21	0.973	1.287	1.541
E8	0.986	1.117	1.427	E22	0.981	1.252	2.059
E9	0.946	0.987	1.487	E23	1.007	1.277	1.883
E10	0.984	1.120	1.686	E24	0.928	1.262	1.786
E11	1.003	1.195	1.564	E25	1.013	1.376	2.056
E12	1.100	1.933	2.491	E26	1.131	2.048	2.431
E13	0.922	1.070	1.700	E27	1.032	1.395	2.042
E14	1.008	1.146	1.366				

资料来源:经作者计算处理。

为了解不同行业参与垂直专业化分工的差异性,我们还比较分析了按行业集中度、出口密集度和技术水平划分的 TFP 的统计特征值(见表 6.3)。从表 6.3 中的平均值可以看出,在低集中度、高出口密集度、高技术行业的 TFP 显然比高集中度、低出口密集度、低技术行业高。我国制造业参与全球价值链分工的事实经验表明行业集中度、出口密集度和技术水平高低与垂直专业化的技术进步效应之间可能存在相关关系。

表 6.3　按行业集中度、出口密集度和技术水平划分的全要素生产率水平(TFP)统计特征值比较

全要素生产率	行业集中度		出口密集度		行业技术水平	
	高	低	高	低	高	低
平均值	1.348	1.437	1.362	1.445	1.530	1.327
中位数	1.125	1.262	1.202	1.251	1.287	1.177
标准差	0.478	0.591	0.415	0.631	0.702	0.415
样本数(个)	18	63	27	54	36	45

资料来源:经作者计算处理。

注:6 个高集中度行业具体为:E2、E3、E9、E10、E14、E18;9 个高出口密集度行业具体为:E4、E5、E6、E8、E11、E16、E25、E26、E27;12 个高技术行业具体为:E12、E13、E14、E15、E16、E17、E22、E23、E24、E25、E26、E27。

6.1.3　计量模型和实证分析结果

6.1.3.1　模型设定与变量解释

参考爱德华兹(Edwards,1998)关于全要素生产率增长与对外开放之间的研究思路,假定行业 i 的生产函数为 $Y_{it} = A_{it}F(K_{it}, L_{it})$。$Y$ 为产出,它是物质资本投入 K 和劳动力投入 L、知识存量或全要素生产率 A 的函数。其中,A 的增长主要取决于两个因素:一是与研发投入有关的自主创新;二是一国在全球价值链分工中对发达国家先进技术的吸收与模仿能力。那么,A 的增长可以写成:$\dot{A}/A = \delta + \theta(W - A)/A$。式中 W 是世界知识存量,并保持一个增速为 g 的增长率;δ 为一国自主创新的增长率,且 $\delta < g$;θ 为一国缩小"知识差距"的速度。这表明一国的技术进步与其研发投入、开放程度之间可能存在正向关系,而与其原始知识存量之间具有负向关系。

在此基础上,考虑前文 5 个假设,我们构建垂直专业化对技术进步影响的计量方程如下:

$$lnTFP_{it} = \beta_0 + \beta_1 lnVSS_{it} + \beta_2 lnRD_{it} + \beta_3 lnVSS_{it} \times Dum1 + \beta_4 lnVSS_{it} \times Dum2 + \beta_5 lnVSS_{it} \times Dum3 + \alpha_i + \varepsilon_{it} \quad (6.1)$$

式(6.1)中,i 代表 27 个横截面观察单位,t 表示 1997、2002、2007 三个观察年份,β_0 代表截距项,α_i 表示 i 部门的截面效应,ε_{it} 代表了整个回

归方程的误差项，服从独立同分布。其他变量的具体含义如下：

TFP 是全要素生产率，这里用来表示技术进步；VSS 为垂直专业化份额，是度量一国参与产品内国际分工程度的指标；RD 为研发密集度，借鉴李小平、卢现祥、朱钟棣(2008)对 R&D 支出的计算，用行业 R&D 支出与工业增加值之比表示；Dum1 表示行业集中度的虚拟变量，如果行业 i 为集中度高的行业则取值为 1，如果行业 i 为集中度低的行业取值为 0，本章用 Lerna 指数来计算行业集中度，行业 Lerna 指数的测算方法为：PCM=(VA－W)/Y，其中 VA 是增加值，W 是劳动成本，Y 是总产值，我们分别用行业的工业增加值、工资总额与工业总产值表示；Dum2 为反映行业出口密集度的虚拟变量，行业 i 出口密集度大于平均值的取值为 1，否则取值为 0，我们以行业出口交货值占工业增加值之比来计算出口密集度；Dum3 为反映行业技术密集度的虚拟变量，如果行业 i 为高技术行业则取值为 1，如果行业 i 为低技术行业取值为 0，我们根据人均科技活动内部支出费用与科技人员占从业人员比重两个指标，把 27 个制造业分为高技术水平和低技术水平两组。

6.1.3.2 实证结果分析

为了避免计量模型可能存在的多重共线性，在对面板数据进行回归前，首先对各影响因素变量进行相关分析。如表 6.4 所示，各影响因素之间的相关系数都很小，平均都在 0.5 以下。因此，回归方程中各解释变量的共线性问题较弱，不会对估计结果产生较大影响。

表 6.4 样本变量的相关系数矩阵

	LnVSS	LnRD	LnVSS×Dum1	LnVSS×Dum2	LnVSS×Dum3
LnVSS	1.000				
LnRD	－0.097	1.000			
LnVSS×Dum1	0.659	0.051	1.000		
LnVSS×Dum2	－0.167	0.198	－0.357	1.000	
LnVSS×Dum3	－0.322	－0.385	－0.219	－0.111	1.000

在计量方法方面，由于在前面设定了变截距模型，需要运用 Hausman 检验在固定效应(FE)模型和随机效应(RE)模型之间进行选择。当检验结果显示为固定效应时，笔者进一步采取广义二乘法 GLS(Cross-secetion weights)，结合 white-period 稳健方法以校正各行业异方差及时期异方差带来的影响。对于模型估计的“内生性”问题，我们采用垂直专业化的滞后变量法进行处理，具体的回归结果见表 6.5。

表 6.5　垂直专业化对中国制造业技术进步影响的实证结果

变量	模型 I	模型 II	模型 III	模型 IV	模型 V	模型 VI	模型 VII
常数项	0.800*** (6.58)	−0.032 (−0.12)	0.218*** (66.77)	0.781*** (10.37)	0.775*** (97.91)	0.784*** (7.74)	0.683*** (6.71)
LnVSS	0.971*** (96.89)		0.185*** (47.85)	1.101*** (14.22)	1.007*** (8.19)	0.836*** (5.87)	1.042*** (12.12)
LnRD	−0.062*** (−3.54)	−0.515*** (−7.81)		−0.061*** (−4.99)	−0.064*** (−4.03)	−0.065*** (−4.13)	−0.072*** (−4.21)
LnVSS(−1)		0.612*** (2.85)					
LnRD(−1)			−0.131*** (−145.81)				
LnVSS×Dum1				−0.570*** (−2.95)			−0.560** (−2.50)
LnVSS×Dum2					−0.224 (−1.36)		−0.399** (−2.17)
LnVSS×Dum3						0.303** (2.07)	0.165** (2.01)
Hausman 检验	37.721***	32.532***	22.050***	32.104***	26.133***	37.615***	27.895***
F 值	14.474	123.115	1191.672	20.980	13.251	17.947	23.307
R2	0.886	0.993	0.999	0.923	0.883	0.911	0.936
样本数	81	54	54	81	81	81	81

注：括号内为 t 的统计特征值，***、**、* 分别表示 1%、5%、10% 显著水平；VSS(−1) 和 RD(−1) 分别表示垂直专业化率和研发密集度的 1 年滞后项。个体的截面常数或时间截面常数，因篇幅有限，并未给出。

(1)国际垂直专业化对技术进步的影响分析。表 6.5 中的模型 I 和模型 II 是不包含虚拟变量的回归结果。其中模型 I 给出了垂直专业化对技术进步的影响，模型 II 使用了滞后 1 年的垂直专业化数据，以检验模型的内生性。回归结果显示，制造行业垂直专业化程度每增加 1%将引起技术进步提高 0.8%。本章假设 1 得以验证，这一结果说明中国制造业通过参与全球价值链提升了自身的技术水平，而且使用当期与滞后 1 年的垂直专业化数据进行回归差别不大，说明“内生性问题”并不严重。

(2)研发密集度对技术进步的影响分析。模型 I 显示，研发密集度系数显著为负。模型 III 使用滞后 1 年的研发密集度数据进行回归，研发密集度系数依旧为负。这与我们的假设 2 相反，表明制造业研发密集度对技术进步存在一定的阻碍作用。已有的文献主要从研发的投入主体、不完善的市场环境等方面对这一现象进行了解释(姚洋、章奇,2001;李小平、朱钟棣,2006)。而李宾(2010)通过规范的实证分析对国内研发阻碍我国全要素生产率提高的原因做出了更直观的解释:在我国基础研究强度偏低的事实和以市场换技术的科技发展策略下,外企把先进技术细分为多个等级;迫于内资企业的研发压力和激烈的市场竞争,外企不断将新技术梯度引入国内,从而推动了我国技术进步,但另一方面,外企的行为也使得国内的研发投入表现为资源从经济系统的一种漏出,直接导致国内研发对TFP的提高呈现出负向影响。

(3)行业特征对垂直专业化技术进步的影响分析。表6.5中的模型IV到模型VII是加入虚拟变量后的结果,主要考虑垂直专业化作用于技术进步所表现的行业差异及其特征。模型IV、模型V和模型VI分别加入虚拟变量Dum1、Dum2和Dum3,模型VII则同时包含了Dum1、Dum2和Dum3。在只引入反映行业集中度的虚拟变量Dum1时,垂直专业化对我国制造业的技术进步的影响系数估计值为1.101－0.57×Dum1,即对集中度大行业的影响系数为0.531,对集中度小行业的影响系数为1.671,从而验证了假设3的正确。在只引入反映出口密集度的虚拟变量Dum2时,发现虚拟变量与垂直专业化对数的交叉项系数为负但不显著,表明垂直专业化对高出口密集度行业的技术进步影响不大。此结果证明了假设4,且与Hijzen,Inui和Todo(2006)的结论一致。在只引入反映行业技术密集度因素的虚拟变量Dum3时,垂直专业化对技术进步的影响系数估计值为0.836＋0.303Dum3,即对高技术行业的影响系数为1.139,对低技术行业的影响系数为0.836,这说明在行业技术密集高的行业垂直专业化促进技术进步的作用更大,因此本章假设5得到证明。在同时引入3个虚拟变量时,估计值的结果无太大差异,说明在低集中度、低开放度、高技术行业,垂直专业化对技术进步的促进作用更大。

6.2 垂直专业化、环境规制与制造业绿色全要素生产率变动

在最近的十余年中,垂直专业化生产模式下的国际分工开始成为国际分工体系中的主角(徐康宁、王剑,2006)。中国企业在提高垂直专业化

参与程度,促进本国对外贸易发展的同时,也承接了发达国家部分高能耗、高污染生产环节的转移。如邱兆逸(2012)提出国际垂直专业化过程中形成倒"U"形环境库兹涅茨曲线,并分别采用省级和行业面板数据,验证了垂直专业化中存在污染工序对我国转移的现象。牛海霞、罗希晨(2009)和刘婧(2009)的研究也表明:加工贸易是导致中国环境污染的重要原因。因此,在中国企业日益融入全球生产网络的背景下,为了实现"十二五"节能减排目标,必要的环境规制是不可或缺的。

环境规制属于政府社会性规制的重要范畴,指由于化石能源不可持续以及工业活动所造成的污染具有外部不经济性,政府通过排污许可、行政处罚、征收排污税等方式对厂商的生产经营活动进行调节,以达到环境保护和经济的可持续发展。实行环境规制与企业竞争力及经济增长之间能否实现"双赢",关键就在于环境规制能否促进企业的技术创新。目前,在已有的文献中学者们分别基于国别、行业或企业层面,选取专利申请数量、R&D 支出与环保专利申请数量及环保 R&D 支出等作为衡量总体创新和污染技术创新的指标,探讨了环境规制对总体创新与治污技术创新的影响,得出的研究结论也不尽相同。而关于环境规制对生产技术进步及全要素生产率的影响研究却并不多见。张成等(2011)构建了环境规制强度影响企业生产技术进步的数理模型,并采用 30 个省份的工业部门面板数据验证了环境规制强度和生产技术进步之间的关系,但其在生产技术的测算过程中未能考虑废水、废气等非期望产出的影响;叶祥松、彭良燕(2011)利用我国 28 个省、自治区、直辖市的面板数据探讨了环境保护力度与环境规制下全要素生产率之间的关系,但他们未将企业进入、所有制结构等因素纳入控制变量,也未考虑环境保护力度指标的滞后性问题。李玲、陶锋(2011)测算了 2004—2008 年我国 19 个污染密集型产业,考虑 4 种非期望产出的绿色全要素生产率,并考察了环境规制与绿色全要素生产率之间的相互关系,但他们选择的样本期间相对较短且未能区分环境规制影响全要素生产的行业异质性。

我们在借鉴上述研究成果的基础上,尝试着在以下方面有所拓展:(1)利用 SBM 方向距离函数测度了 2002—2010 年 27 个制造行业,考虑二氧化硫、烟尘、粉尘和废水 4 种非期望产出的绿色全要素生产率,在此基础上探讨了垂直专业化程度与环境规制强度影响绿色全要素生产率的内在机制;(2)引入环境规制强度的二次项检验了环境规制强度在清洁型部门与污染密集型部门中影响绿色全要素生产率的差异性。

6.2.1 理论分析框架和计量模型设定

6.2.1.1 理论分析框架

绿色全要素生产率是指在全要素生产率的测算中纳入反映环境变动的指标。我们考虑如下生产函数 $Y=f(K,L,E;t)$,其中,Y 表示总产量,K 表示投入的资本量,L 表示投入的劳动数量,E 表示投入的环境量(如废物的吸收能力),t 表示时间因素。在这里,技术变化是指既定的要素投入下单位时间内产量的增长率。将该生产函数关于时间 t 取对数微分,得到 $y_t=A_t+\beta_{Lt}l_t+\beta_{Kt}k_t+\beta_{Et}e_t$,$l$、$k$、$e$ 分别表示劳动力、资本与环境要素变量的百分比增长率,参数 β 是生产函数中相应投入要素的对数偏导项,A_t 表示中性的技术改变。引入过程创新和产品创新可以较方便地解释上述表达式中的技术变化情形。比如通过过程创新,企业能够探索出更有效的生产方法、工艺,并使得产出的增长速度快于投入的增长速度。又比如在生产函数中,Y 作为一个加总的产出指标,经济体中不同类别的产出是根据其相对价值(类似于市场价格)来衡量的。在市场上高质量的产品同低质量产品相比,通常可以实现溢价销售,这意味着新产品的实物量即便没有超过它所替代的老产品,但新产品的出现也可增加以其作为计价标准的产出指标。一般来说,产品改进的部分包含在我们测算的生产率里面。而利用官方价格指数计算相应的实际产出这种办法,只能比较有限地将产品创新的效应从生产率中剥离出来(Jaffe,et al.,2002)。单从表面上看,生产率改进和中性的技术变化 A_t 之间没有任何关联。若果真如此,假定所有的投入、产出指标都能正确测度,投入要素(包括 R&D)只能获取正常的投资回报,那么所有产出的内在贡献都应该能由投入要素的回报加以解释,并且要素投入增长率与产出增长率之间也不会有残差存在。但现实情况并非如此,这个残差通常显著为正,并可以被解释为外生技术变化的证据。

全要素生产率作为经济绩效的一个重要衡量指标,目前的测度方法主要有:索罗余值法、随机前沿生产函数法(SFA)、代数指数法和数据包络分析法(DEA)。其中:索罗余值法和随机前沿方法都需要设立特定的生产函数形式、并遵循相关的假设前提，否则其估算的结果将是有偏的；而代数指数法仅仅考虑市场性的“好”的产出，忽略了生产过程中产生的非市场性的“坏”的产出（王兵、吴延瑞、颜鹏飞，2008），这与我国工业化时代环境约束不断增强的事实相悖，容易扭曲对生产率的正确认识（吴军、笪凤媛、张建华，2009）。为了将环境要素纳入全要素生产率的分析框架，即考虑能源投入和“坏”污染排放的影响，本章采用非径向、非角度的SBM方向距离函数来测算中国制造业的绿色全要素生产率。SBM模型不需要设定生产者最优行为目标及特殊生产函数形式，在解决投入产出松弛问题的同时，避免了传统DEA方法中由于径向和角度选择差异带来的偏差和影响。

我们将每一个制造行业看成一个生产决策单元（DUM），假定每一个DUM均有投入、期望产出和非期望产出3个投入产出向量，分别用矩阵定义为：$X=(x_1,\cdots,x_n)\in R^{m\times n}$，$Y^g=(y_1^g,\cdots,y_n^g)\in R^{s_1\times n}$ 与 $Y^b=(y_1^b,\cdots,y_n^b)\in R^{s_2\times n}$，$X>0$，$Y^g>0$ 和 $Y^b>0$，规模报酬不变情况下的生产可行性集 P 可表示为：

$$P=\{(x,y^g,y^b)\mid x\geqslant X\lambda,y^g\leqslant Y^g\lambda,y^b\geqslant Y^b\lambda,\lambda\geqslant 0\} \tag{6.2}$$

根据tone（2003）非期望产出的SBM方向距离函数为：

$$\rho^*=\min\frac{1-\frac{1}{m}\sum_{i=1}^{m}\frac{s_i^-}{x_{i0}}}{1+\frac{1}{s_1+s_2}\left(\sum_{r=1}^{s_1}\frac{s_r^g}{y_{r0}^g}+\sum_{r=1}^{s_2}\frac{s_r^b}{y_{r0}^b}\right)} \tag{6.3}$$

$$s.t.\quad x_0=X\lambda+s^-;y_0^g=Y^g\lambda-s^g;y_0^b=Y^b\lambda+s^b$$

$$s^-\geqslant 0,s^g\geqslant 0,s^b\geqslant 0,\lambda\geqslant 0$$

其中，s^-、s^b 与 s^g 分别表示投入过度使用、污染过度排放以及期望产出生产不足的量。目标函数 ρ^* 关于 s^-、s^b、s^g 是严格递减的，并且满足 $0\leqslant\rho^*\leqslant 1$。当 $\rho^*=1$ 时，即 $s^{-*}=0$，$s^{b*}=0$，$s^{g*}=0$，相应的决策单元是有效的。根据Chung等（1997）的方法，得到 t 期与 $t+1$ 期的绿色全要素生产率指数 ML 为：

$$ML_t^{t+1}=\left\{\frac{[1+\vec{D}_{0t}(x_t,y_t^g,y_t^b;g_t)]}{[1+\vec{D}_t(x_{t+1},y_{t+1}^g,y_{t+1}^b;g_{t+1})]}\times\frac{[1+\overrightarrow{D_{t+1}}(x_t,y_t^g,y_t^b;g_t)]}{[1+\overrightarrow{D_{t+1}}(x_{t+1},y_{t+1}^g,y_{t+1}^b;g_{t+1})]}\right\}^{\frac{1}{2}} \tag{6.4}$$

于永达、吕冰洋（2010）认为，中国全要素生产率提升的可能路径主要有:(1)加强设备引进、技术创新、劳动分工、“干中学”与教育普及,促进资本和劳动质量提高;(2)不断学习、技术模仿和创新,带动技术进步;(3)改革微观治理结构,提高企业管理水平,通过建立激励机制、实施产权改革等,支持企业生产技术效率改进;(4)完善宏观治理环境,加快经济发展方式的转变,促进要素自由流动、要素和产品价格市场化等,提高要素配置效率等。相应地,依据本章的研究目的,我们假定新型国际分工背景下影响制造业绿色全要素生产率的函数为:$PI = f(VSS, NE, OS, ER)$。其中,PI 表示绿色全要素生产率水平,VSS、NE、OS 和 ER 分别表示国际垂直专业化程度、企业进入数量、所有制结构和环境规制。

国际垂直专业化是指由于技术水平上存在差异,特定产品的不同生产环节或区段在空间上被分散到不同的国家进行生产。中国制造业在融入全球生产网络的过程中,进口国外中间产品带来的知识溢出效应以及分工协作中的“干中学”效应,有利于企业技术进步(肖文,殷宝庆,2011);国际化分散生产引致的工业集聚,在一定程度上导致污染相对集中,便于共同购买、共同运营污染处理设施,污染治理规模效应的发挥能够降低减污成本,减少污染物的排放,有利于绿色全要素生产率的提升。企业进入数量是衡量市场结构的重要指标。新进企业在对现有企业形成竞争冲击的同时,也改变着产业中企业的资金、技术状况,进而影响产业的盈利能力、利润率及生产率。西村清彦(2003)的研究证实,企业的进入与退出与全要素生产率变动密切相关。除此之外,不同所有制结构企业在历史负担、税收减免、投融资以及进出口经营权和外汇管理等方面面临的市场环境和竞争条件不同,导致其在生产率上也存在较大差别。姚洋、章奇(2001)利用 1995 年工业普查数据研究发现,非国有企业比国有企业的技术效率更高。

环境规制作为应对市场失灵的一项重要措施,可以通过如下机制影响企业的绿色全要素生产率:(1)在考虑污染函数的情形下,由环境规制直接引致的“遵循成本”以及污染治理资金投入可能对生产性投资产生“挤出效应”,增加生产成本,进而对企业的生产率与利润产生负面影响;(2)在公众环保意识与社会环境约束日益趋强的背景下,如果企业率先采用环境友好技术、开发环境友好产品,将更能迎合市场消费者的需求,并在市场竞争中取得“先动优势”,弥补甚至抵消由于环境标准提高而给企业经营绩效带来的负面影响，即产生所谓的“创新补偿效应”。在代工企业参与国际垂直专业化的进程中适当提高环境规制强度、缩小与国外环保标准之间的差距，将在一定程度上抑制国外高污染、高能耗和低附加值的生产环节向国内转移，并促使代工企业主动将环境规制的成本“内在化”，通过环境倒逼机制诱导企业增加科研经费投入，加大产品与生产工艺的技术模仿与创新力度，以实现生产过程清洁化并向产业价值链高端攀升，从而有利于国内企业绿色全要素生产率的提升。因此，在遵循成本效应与创新补偿效应的共同作用下，环境规制强度与企业绿色全要素生产率之间可能存在非线性关系。

6.2.1.2 计量模型设定

根据以上关于垂直专业化、环境规制与绿色全要素生产率关系的理论探讨，参考 Coe 和 Helpman(1995)、Shadbegian 和 Gray(2005)的分析框架，首先设定如下计量分析模型：

$$LnPI_{it} = u_i + LnVSS_{it} + ER_{it-1} + LnOS_{it} + LnNE_{it} + \varepsilon_{it} \tag{6.5}$$

式中，i 和 t 分别表示各制造行业和时间；PI 表示制造行业的绿色全要素生产率；VSS 表示制造行业参与国际垂直专业化分工的程度；ER 是制造行业 i 环境规制强度的评价指标，考虑到环境规制对生产率的影响可能存在一定的时滞，在估计时采用环境规制强度滞后一期 ER_{it-1} 的数值进入方程；NE 和 OS 分别表示制造行业中企业进入数量和所有制结构；u_i 表示不可观测的制造行业异质性效应，ε_{it} 为随机误差项。

在此基础上，为了检验各制造行业在参与国际垂直专业化分工过程中加强环境规制与绿色全要素生产率之间是否存在非线性关系，我们再次构建如下估计模型：

$$LnPI_{it} = u_i + LnVSS_{it} + ER_{it-1} + ER^2_{it-1} + LnOS_{it} + LnNE_{it} + \varepsilon_{it} \tag{6.6}$$

考虑到不同污染密集度类型的制造企业在排污水平和采取的环境规制措施上存在较大区别，本章借鉴董敏杰等(2011)的方法得到 2002、2007 年工业行业的污染治理已支付成本，估算出工业部门的污染治理直接成本负担率与污染治理总成本负担率[①]，依据这两个指标的大小将中国 27 个制造行业分为清洁型和污染密集型制造业两组部门，并验证了国际垂直专业化背景下环境规制影响制造业绿色全要素生产率的行业差异性。

6.2.2 变量说明与数据来源

(1)中国制造业绿色全要素生产率

采用 MAXDEAP6.0 软件，选择投入优先的双向模型对中国制造业的绿色全要素生产率进行测算。相关数据处理如下：(1)投入变量选取资本存量、劳动和能源三个指标。资本存量借鉴肖文、周明海(2010)的研究，将 1990 年价格指数平减后的 1986 年固定资产净值作为基年资本存量，2001—2010 年的资本存量数据参考陈诗一(2010)的方法采用永续盘存法估算得到；劳动力投入指标采用各行业全部从业人员年平均人数；能源投入指标采用分行业的能源消耗总量数据；(2)期望产出变量用 27 个制造业行业的工业总产值表示，并以各行业工业品出厂价格指数折算成 1990 年不变价；(3)非期望产出变量采用工业废水、二氧化硫、烟尘、粉尘排放量四个指标，避免了使用单一环境污染物有失真实性的缺陷。投入变量、期望产出变量以及非期望产出变量的相关指标均来自历年的《中国统计年鉴》《中国环境年鉴》。

我们假设 2001 年绿色全要素生产率为 1，2002—2010 年绿色全要素生产率参考邱斌等(2008)的方法，根据测得的 ML 生产率指数进行相乘得到。从图 6.2 可以看出，清洁型部门的绿色全要素生产率(平均值为 2.913)总体高于污染密集型部门(平均值为 2.705)。

---

① 污染治理直接成本负担率的计算公式：$DECR_i = \dfrac{EC_i^{paid}}{X_i P_i}$；污染治理间接成本负担率的计算公式：$IECR_i = \sum_{j=1}^{n} a_{ij} * DECR_j - a_{ii} DECR_i$；污染治理总成本负担率的计算公式：$OECR_i = DECR_i + IECR_i$。其中：$EC_i^{paid}$ 为行业 i 的污染治理已支付成本，$X_i P_i$ 为行业 i 的总产出，a_{ij} 为投入产出表的直接消耗系数。

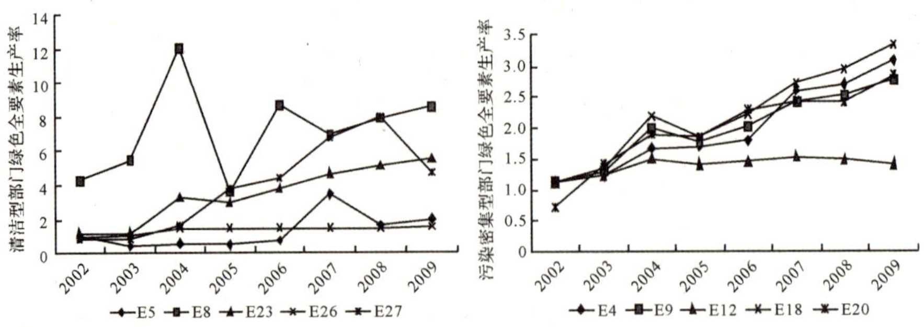

图 6.2 清洁型部门与污染密集型部门的绿色全要素生产率变化情况

(2)垂直专业化程度

按照 Hummels 等人(2001)的方法,一国制造业垂直专业化程度(VSS)的测算公式可以表示为:

$$VSS = \frac{1}{EX} u A^{M} (I - A^{D})^{-1} X^{V} \tag{6.7}$$

其中:u 为元素为 1 组成的 $1 \times n$ 维向量;A^{M} 是 $n \times n$ 维的进口系数矩阵,$A^{M} = [$进口/(进口+总产出-出口)$]A$;A^{D} 是 $n \times n$ 维的国内消耗系数矩阵,$A^{D} + A^{M} = A$;$(I - A^{D})^{-1}$ 是里昂惕夫逆矩阵;X^{V} 为 $n \times 1$ 维出口向量,EX 为国内各行业出口总量。

直接消耗系数矩阵 A 根据国家统计局公布的 2002 年 122 部门、2007 年 135 部门投入产出表计算而得,由于投入产出表的编制年份是不连续的,所以我们用 2002 年的直接消耗系数矩阵 A 阵替代 2003—2006 年的,用 2007 年的替代 2008—2010 年的。历年制造行业的总产出数据采用与唐玲(2009)类似的处理方法得到;制造行业进出口贸易数据参考盛斌(2002)的方法从联合国 COMTRADE 数据库进行集结汇总得到;在计算 A^{M} 时,由于行业的进出口数值是以美元为计价单位的,因此选取年度中间汇率将其折算成人民币币值单位。

(3)环境规制强度

目前文献中对环境规制强度的度量存在较大的差异,考虑到指标的相对完善性与数据可得性,并保证与前文中计算绿色全要素生产率采用的四种污染物作为负产出的处置相对应,我们借鉴傅京燕、李丽莎(2010)的测算方法,选取二氧化硫去除率、烟尘去除率、粉尘去除率和废水达标率 4 个单项指标,分别进行无纲量化处理和相应的权重计算,最后加总得到 2002—2010 年我国制造行业的环境规制强度。从测算的结果来看(如图 6.3),污染密集型部门的环境规制强度指数平均值为 4.254,而清洁型部门的环境规制强度指数平均值为 0.466,污染密集型部门的环境规制水平明显高于清洁型制造业部门。

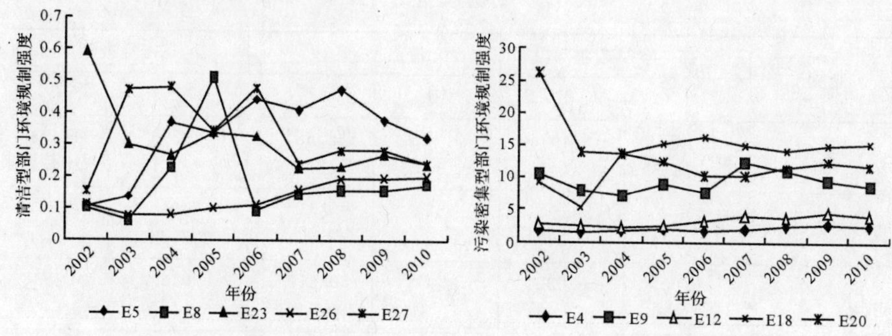

图 6.3 清洁型部门与污染密集型部门的环境规制强度变化情况

(4)其他控制变量

企业进入数量(*NE*)的衡量,借鉴赵红(2011)的方法,采用当年制造行业中的企业数量作为企业进入数量的替代指标。所有制结构(*OS*)指标用国有及国有控股工业资产合计占规模以上工业资产合计的比值表示。

本章计量分析中所使用各变量的描述性统计值见表 6.6。

表 6.6 变量描述性统计(样本量=243)

变量	英文缩写	描述性统计			
		均值	标准偏差	最小值	最大值
绿色全要素生产率	PI	3.234	2.713	0.428	21.483
垂直专业化程度	VSS	0.146	0.072	0.012	0.347
企业进入数量(单位:个)	NE	10536.730	8895.287	150.000	39699.000
所有制结构	OS	0.305	0.238	0.008	0.993
环境规制程度	ER	2.431	3.999	0.009	26.195

6.2.3 实证结果及其分析

我们在判定出面板模型的基本类型后,运用豪斯曼(Hausman)检验在固定效应模型和随机效应模型之间进行选择。当检验结果显示要求采用固定效应模型时，我们进一步采取截面加权(Cross-Section Weighting)以消除异方差问题的影响。具体的计量模型估计结果见表 6.7：

表 6.7 计量模型估计结果

变量	全部样本制造业部门		清洁型部门		污染密集型部门	
	I	II	III	IV	V	VI
常数项	−3.139*** (−2.668)	−3.497*** (−2.759)	−4.923** (−2.508)	−4.687** (−2.506)	−1.373 (−1.621)	−1.493 (−1.034)
LNVSS	0.466*** (4.389)	0.465*** (4.577)	0.845*** (3.788)	0.875*** (4.329)	0.246** (2.354)	0.236* (1.804)
ER(−1)	−0.005 (−1.445)	−0.032** (−2.131)	−0.058* (−1.878)	−0.257*** (−3.259)	−0.012** (−2.197)	−0.049*** (−4.582)
$ER^2(-1)$		0.001* (1.664)		0.031*** (2.914)		0.001*** (4.315)
LNNE	0.512*** (3.965)	0.561*** (3.889)	0.915*** (4.147)	0.919*** (4.386)	0.193 (1.571)	0.216 (1.527)
LNOS	−0.345 *** (−3.933)	−0.325*** (−3.353)	−0.156** (−2.381)	−0.198** (−2.503)	−0.783*** (−4.375)	−0.791*** (−8.106)
Hausman 检验	68.389***	70.743***	54.823***	52.179***	16.723***	16.073***
拐点		16.39		4.28		24.50
F 值	30.654	23.816	22.658	22.048	37.728	38.552
R^2	0.832	0.825	0.807	0.813	0.872	0.882
样本数	216	216	104	104	112	112

注：括号内为 t 的统计特征值，***、**、* 分别表示 1%、5%、10% 显著水平；ER (−1)表示环境规制强度的 1 年滞后项；清洁型部门包括食品加工、饮料、烟草加工、服装及纤维制品、皮革毛皮羽绒及其制品、木材加工及竹藤棕草制品、家具、普通机械、专用设备、交通运输设备、电气机械及器材、电子及通信设备、仪器仪表及办公用品 13 个制造业部门。

(1)国际垂直专业化对绿色全要素生产率的影响分析。国际垂直专业化显著地与绿色全要素生产率正相关。回归结果显示，制造业国际垂直专业化程度每增加 1%，将引起清洁型部门及污染密集型部门的绿色全要素生产率分别提高约 0.8%和 0.2%。在参与全球价值链分工的过程中，污染密集型部门企业承接了较多国外高能耗、高污染工序环节的转移，面临的治污与减排压力也较大，从而降低了绿色全要素生产率的提升速度。而在清洁型制造业部门中企业面临的环境约束相对较小，垂直专业化对绿色全要素生产率的促进作用也更大。

(2)环境规制强度对绿色全要素生产率的影响分析。从不考虑非线性回归的结果看，$ER(-1)$ 的系数为负，只是在方程 I 中未能通过显著性检验。这表明，从总体上看环境规制强度与绿色全要素率存在负向关系，即制造业参与垂直专业化的背景下加强环境规制强度会降低绿色全要素生产率，存在遵循成本效应。而在考虑非线性影响的回归中，$ER(-1)$ 的系数也为负，不仅通过了显著性检验，而且系数值也大大提高。这表明方程 I、III、V 忽略了环境规制强度与绿色全要素生产率之间可能存在非线性关系。在方程 II、IV、VI 中，$ER^2(-1)$ 的系数显著为正。这表明，环境规制强度与绿色全要素生产率之间符合“U”形关系，即伴随环境规制强度由弱变强，将对绿色全要素生产率产生先降低后提升的影响。在全部样本、清洁型部门与污染密集型部门中，环境规制强度对绿色全要素生产率作用方向的拐点分别是:16.39、4.28 和 24.5。从本章样本中环境规制强度的取值来看，大部分点都在拐点的左端。这表明中国大部分制造行业的环境规制水平不高，此时环境规制引致的遵循成本效应大于其产生的创新补偿效应，即较弱的环境规制强度降低了企业的绿色全要素生产率。此后，随着环境规制强度的不断提升，在制造业参与垂直专业化进程中，环境规制的遵循成本效应不断削减的情形下，创新补偿效应发挥的相对作用将越来越大，环境规制强度与绿色全要素生产率的正向关系就成为制造业在全球价值链下的主要趋势。需要进一步解释的是，环境规制强度对清洁型部门绿色全要素生产率作用方向的临界点要先于污染密集型部门呈现。这是因为:与清洁型部门相比，污染密集型制造业部门参与国际垂直专业化分工的程度相对较高，自身的污染排放量更大并且承接了较多国外污染密集型生产环节的转移，当其面临较高的环境规制时，将不得不从创新投入中抽取较多的资金用于节能减排，这将在一定程度上降低企业在生产技术上的研发强度及预期水平，并对部门行业的绿色全要素生产率产生影响;而在清洁型部门中，企业整体的污染排放量与污染治理成本相对较小，其面临的环境规制更多地是为了迎合国内外消费者的市场需求，生产出绿色、低碳、节能、环保的环境友好型产品，这与企业的生产目标高度“契合”，因此，环境规制强度对清洁型部门生产成本的负向影响相对较小，从长期动态角度分析将会更有利于其绿色全要素生产率的提升。

(3)其他控制变量对绿色全要素生产率的影响分析。企业进入数量与所有制结构对不同制造行业的影响程度及显著性上存在一定程度的差异。其中:企业进入数量与清洁型部门、污染密集型绿色全要素生产率正相关,但前者通过了显著性水平检验,而后者并不显著。主要原因在于制造行业中新进企业在通过市场竞争带来正向技术溢出效应等的同时,也可能造成过度竞争、产业利润率下降等负向效应。企业进入数量对某组别部门的影响作用取决于上述综合效应的权衡。另一种可能的解释是与企业进入数量指标的度量选取有关。由于我们无法得到中国新制造企业进入的相关数据,统计年鉴中提供的产业中当年企业数量实际上等于前年的企业数量加上当年新企业净进入数量。所有制结构显著地和制造业绿色全要素生产率负相关,说明国有及国有控股企业在生产技术进步、生产技术效率上和外商投资企业与民营企业相比较仍然相对较低,我们的研究结果与张成等(2011)得出的结论是一致的。

6.2.4 对检验结果的稳健性讨论

以上实证结果仅说明了垂直专业化和环境规制对绿色全要素生产率的影响,但是,环境规制与垂直专业化之间的关系到底怎样尚不明确。本部分利用联合国商品贸易数据库测算了中国制造业在全球价值链中的位置,然后对环境规制与制造业参与垂直专业化在全球价值链中的位置关系进行了初步考察。如果环境规制提升了价值链位置,则环境规制将通过双重效应影响绿色全要素生产率;反之,若发现环境规制阻碍了价值链的提升,则很有可能出现环境规制强度越高,企业在全球价值链中的位置越低的情况,那么这种情况下绿色全要素生产率增长的局面是不可持续的。

6.2.4.1 制造业在全球价值链位置的测算

我们借鉴 Wang 和 Wei(2008)关于商品复杂度的测算方法,采用出口相似度指数(ESI)作为衡量指标,通过比较我国与发达国家制造业的出口结构,来间接度量我国制造业与全球价值链高端环节之间的相对距离。具体计算公式为:

$$ESI = \sum_{j=1}^{n} Min(S_{c,j,t}, S_{d,j,t}) \tag{6.8}$$

上式中，S 表示某一商品出口额占行业出口总量的比例大小，下标 c 表示中国，d 表示发达国家，我们选取美国、德国、法国、日本四国作为参照体，j 为具体出口商品，t 为年份。考虑到出口商品统计口径不同会对 ESI 指标的测算结果产生较大影响，我们采用国际贸易标准分类 SITC Rev 3.0 细分程度最高的 5 位数代码进行计算以减少偏差。制造行业出口总额指标参考盛斌(2002)的方法，采用 SITC Rev 3.0 的 3 位数代码数据集结汇总得到。商品出口数据来自于 UN COMTRADE 数据库，本部分选取我国 27 个制造行业作为研究对象，计算了这些行业 1997 年、2002 年、2007 年的 ESI 指标值。具体测算结果如表 6.8：

表 6.8　制造行业 1997—2007 年 ESI 指标值的变动趋势

行　业	1997	2002	2007	ES2007－ES1997
食品加工制造业	0.0593	0.0626	0.0560	－0.0033
饮料制造业	0.1822	0.2291	0.2911	0.1089
烟草制品业	0.9289	0.8709	0.9281	－0.0009
纺织业	0.1576	0.2104	0.2295	0.0718
纺织服装、鞋、帽制造业	0.1176	0.1203	0.1501	0.0325
皮革、毛皮、羽毛(绒)及其制品业	0.0013	0.0027	0.0007	－0.0006
木材加工及木、竹、藤、棕、草制品业	0.3937	0.4258	0.2869	－0.1068
家具制造业	0.0170	0.0251	0.0581	0.0411
造纸及纸制品业	0.0716	0.0869	0.0663	－0.0053
印刷业和记录媒介的复制	0.2659	0.2235	0.2766	0.0107
文教体育用品制造业	0.1063	0.1303	0.1547	0.0484
石油加工、炼焦及核燃料加工业	0.5643	0.3485	0.4164	－0.1480
化学原料及化学制品制造业	0.1919	0.2142	0.2209	0.0289
医药制造业	0.1843	0.1217	0.0850	－0.0992
化学纤维制造业	0.4159	0.2569	0.3808	－0.0351
橡胶制品业	0.0157	0.0072	0.0056	－0.0102
塑料制品业	0.2440	0.2604	0.2408	－0.0032
非金属矿物制品业	0.1225	0.2428	0.2363	0.1138
黑色金属冶炼及压延加工业	0.0131	0.0245	0.0434	0.0303

续 表

行　业	1997	2002	2007	ES2007－ES1997
有色金属冶炼及压延加工业	0.1680	0.1819	0.2167	0.0487
金属制品业	0.2191	0.2140	0.2138	－0.0053
通用设备制造业	0.0645	0.0726	0.0784	0.0140
专用设备制造业	0.2281	0.2590	0.2861	0.0580
交通运输设备制造业	0.1053	0.1213	0.1139	0.0087
电气机械及器材制造业	0.3172	0.3195	0.3973	0.0801
通信设备、计算机及其他电子设备制造业	0.3021	0.4116	0.3772	0.0751
仪器仪表及文化、办公用机械制造业	0.0203	0.0128	0.0114	－0.0089

数据来源：由作者测算处理得到。

从表6.8来看，中国制造业在全球价值链中的位置整体上呈上升趋势，由1997年的0.1519上升为2007年的0.1912。27个制造行业中，有15个行业实现了价值链提升，占制造行业样本总数的55.56%，其中非金属矿物制品业、饮料制造业与电气机械及器材制造业的上升幅度位列前三，但同时也有12个行业的价值链位置有所下滑，占制造行业样本总数的44.44%，下滑幅度最大的三个行业分别为石油加工、炼焦及核燃料加工业，木材加工及木、竹、藤、棕、草制品业，医药制造业。从动态的角度分析，价值链提升意味着制造企业实现了向全球价值链的高端环节攀升，与发达国家企业之间的技术差距正在逐步缩小；反之，若是在价值链中的位置出现下降，则意味着即便是制造企业的技术水平相对于自身以前是进步的，但同作为标杆的发达国家相比较，参照体的技术提升速度更快，导致两者之间的差距越来越大，技术追赶的效应不够明显。

6.2.4.2　环境规制对制造业参与垂直专业化在全球价值链中位置的实证检验

对于制造业参与垂直专业化在全球价值链中位置的测度非常困难，我们拟采用ESI指标近似替代。这主要是出于以下三个方面的考虑：一是外资企业作为垂直专业化分工主要推动力量，在1997年、2002年、2006年推动的外贸出口份额分别达到41%、52.2%、58.2%（Wang & Wei，2008）；二是1997—2007年间中国加工贸易出口额逐年上升，其中1997

年、2002 年、2007 年占对外贸易出口额的比重分别达到 56.09%、56.92% 和 53.42%；三是从贸易与投资方式看，我国出口技术复杂度仍然处在由加工贸易出口产品驱动的阶段（黄永明、张文洁，2011）。基于以上分析，本章的近似替代在一定程度上是合理的。

根据唐海燕、张会清（2009）构建的理论模型与经验研究，人力资本变量、物质资本变量、制度环境变量以及初始的价值链位置等是影响价值链提升的重要因素。基于此，本部分建立以制造业参与垂直专业化在全球价值链中位置为被解释变量，以环境规制强度为解释变量，以影响价值链位置的其他变量作为控制变量的计量模型。

$$ESI_i = \alpha_0 + \beta_1 ER_i + \beta_2 \sum CON_i + \varepsilon_i \tag{6.9}$$

式(6.9)中 CON 为控制变量，包括了人力资本、物质资本和初始价值链位置三个变量。人力资本变量（HUM）以科技人员数量占制造行业就业人数总量的比重表示，物质资本变量（CAP）以资本存量占制造行业总产值的比重表示，资本存量的计算见殷宝庆（2012a），行业总产值以工业品出厂价格指数平减为 1990 年不变价。由于我们只测算了 1997 年、2002 年、2007 年三年的 ESI 指标值，因此以 1997 年各行业的 ESI 指标来表示初始的价值链位置与技术水平。环境规制强度指标根据上文取 SO_2 去除率、烟尘去除率、粉尘去除率和废水达标率 4 个单项指标通过无纲量化处理和相应的权重计算得到。

考虑到只有两年的截面数据，我们采用混合数据的 OLS 方法进行估计，并对多重共线性与异方差问题进行了修正。估计结果见表 6.9。

将环境规制强度及其滞后项指标分别代入计量模型，估计得到的系数都为正值，并均呈现出显著性水平。说明环境规制能够提升我国制造业在全球价值链分工中的位置，从而有利于技术创新，并对绿色全要素生产产生积极作用。其内在的原因主要在于：一是东道国采取严格的环境强制将引发跨国公司重新审视自己的外包成本，进而可能主动对生产活动的空间布局或外包的工序环节做出改变，比如将原来布局在我国的低附加值、高污染的生产环节向第三国转移，这对我国企业融入全球价值链分工来说既是挑战也是机遇；二是我国企业为了维持在世界市场中的地位，将不得不加快自身的知识资本积累，从国外进口技术含量更高的中间品和机器设备，在更高的价值链环节参与国际分工，从而能够获取更多的技术外溢效应,这样在技术消化吸收能力提升的情况下对技术创新具有促进作用。

表 6.9 环境规制强度对制造行业参与垂直专业化在全球价值链中位置的计量检验

变 量	I	II
ER	0.0038** (2.38)	
ER(−1)		0.0023** (2.23)
HUM	0.0925*** (3.64)	0.1005*** (2.91)
CAP	−0.1039*** (−4.13)	−0.1215** (−2.75)
ESI1997	0.9211*** (22.12)	0.9218*** (15.42)
R^2	92.17	93.31
D—W	1.871	1.9

注:ER (−1)表示环境规制强度的 1 年滞后项,***、**、* 分别表示 1%、5%、10%显著水平。

控制变量的系数估计结果显示,人力资本与初始价值链位置变量对制造业参与垂直专业化分工下的全球价值链攀升具有积极的促进作用,我们的实证结果与唐海燕、张会清(2009)对 40 多个发展中国家价值链提升影响因素的结论基本一致。估计得出的物质资本系数显著为负,说明物质资本对制造业的价值链提升产生一定的负面影响。长期以来,我国的经济增长过分依赖投资规模驱动,工业部门的重复性建设投资尚未得到有效的遏止,应用型高技能人才缺乏以及资本资源得不到充分有效地配置,制造业投资效率偏低是造成其对价值链的提升产生负向作用的主要原因。

6.3 本章小结

绿色全要素生产率是考虑污染产出的全要素生产率,我们采用这个指标来度量环境约束下技术创新的经济效应。本章首先利用中国投入产出表测算了制造业 27 个部门的垂直专业化水平,并采用行业面板数据考察了国际垂直专业化对技术进步的影响。实证研究发现:①垂直专业化分工对中国制造业技术进步具有明显的促进作用；②行业特征对垂直专业化的技术进步效应大小产生影响：国际垂直专业化对低集中度、低开放度、高技术行业的技术提升效应更为明显；③与预期相反，研发密集度对全要素生产率的增长产生负面影响。

在此基础上，基于垂直专业化视角我们构建了一个环境规制影响绿色全要素生产率的理论分析框架，并提出由环境规制引致的“遵循成本效应”与“创新补偿效应”的双重作用可能使得其与企业绿色全要素生产率之间存在非线性关系。为此，本章利用非径向、非角度的 SBM 模型测算了制造行业考虑二氧化硫、烟尘、粉尘和废水 4 种非期望产出的绿色全要素生产率，并引入环境规制强度的二次项，对环境规制强度在清洁型部门与污染密集型部门中影响绿色全要素生产率的差异性进行了实证检验。具体得到以下结论：①垂直专业化显著地与制造业绿色全要素生产率正相关，其对清洁型部门绿色全要素生产率的促进作用较污染密集型部门更大；②环境规制强度与制造业绿色全要素生产率整体上符合“U”形关系，即随着环境规制强度由弱变强，将对绿色全要素生产率产生先削弱后提升的影响；③环境规制强度对绿色全要素生产率的影响在清洁型部门与污染密集型部门存在一定的差异性，即环境规制强度在清洁型部门中对绿色全要素生产率正向作用方向的拐点要先于污染密集型部门呈现；④适当严格的环境规制强度在一定程度上通过提升制造业参与国际垂直专业化在全球价值链中的位置，促进技术创新，进而对绿色全要素生产率产生积极作用。

第7章

基于技术创新激励的环境规制工具选择

环境规制的技术创新效应不仅受到环境规制强度的影响，而且也与环境规制工具的选择密切相关。因此本章首先归纳和分析了我国环境规制工具的类型，其次引入 Fisher 等(2003)的理论框架，分析了不同环境规制政策下创新激励的影响因素，最后以浙江省 2010 年的 25 个工业行业为样本，采用离散计数模型比较了排放标准、排污许可证、排污费与补贴四种环境规制工具对技术创新激励效应的大小。

7.1 环境规制工具的类型

环境污染具有外部性，在没有外力的干预下市场难以自动实现环境成本内在化，将导致市场失灵，因此亟待政府干预以纠正低效率的资源配置，这就是庇古外部性理论的重要思想(Pigou，1932)。我国的环境保护起步虽然较晚，但是自 20 世纪 70 年代末加强法制建设以来，我国采取多种政策、措施维护与保护环境，并逐步形成具有中国特色的环境规制政策体系。具体大致可以分为：命令—控制型工具、市场型工具、公众参与工具三大类。

7.1.1 命令—控制型工具

“命令—控制型工具”指国家行政部门依照法律、法规、规章及标准等，直接限制生产者某些污染物排放的数量及方式，以达到改善环境质量的目的。命令—控制型手段在我国环境政策中应用较为广泛，扮演的角色更重要。我国现有命令—控制型工具对污染施加影响的过程覆盖事前、事中、事后三个阶段。从区域排污总量控制指标的确定和分配，到新建项目通过环境影响评价确认污染防治措施、预期排放浓度和总量，到“三同时”验收保证这些污染防治措施到位并且达到预期效果，再到通过验收后向企业核发排污许可证，以上步骤都只算作保障项目建设完工时的一次性守法。为了保障企业连续守法，以排污许可证为依据的后续监督工作，如对违法排污行为进行“限期治理”和“关停并转”等也极为重要。

7.1.2 市场型工具

(1)排污收费

我国从1978年开始试行排污收费，1982年7月颁布《征收排污费暂行办法》，标志着我国开始正式实行排污收费制度。2003年7月实施的《排污费征收使用管理条例》，将原先的超标排放收费向以污染物的种类、总量排污收费与超标收费并存的方式转变。

(2)排污权交易

自20世纪80年代以来，我国在10多个城市进行了排污交易试点，包括水污染物、大气污染物等。1987年，上钢十厂在闵行区建立联营厂时，以每年4万元价格购买塘湾电镀厂每天排放10吨废水的权利，这是我国最早的排污权交易。2009年，江苏省环保厅印发《江苏省太湖流域主要水污染物排污权有偿使用和交易试点排放指标申购核定暂行办法》，确定了太湖流域工业企业主要水污染物排放指标申购核定等方面的内容。2010年10月，江苏省正式实施《江苏省太湖流域主要水污染物排污权交易管理暂行办法》。大气排污权交易的试点主要包括：2001年原国家环保总局和美国环境保护基金会合作，开展了“利用市场机制控制 SO_2 排放”的中美环境合作项目，并陆续在江苏南通和辽宁本溪进行试点；2007年11月，嘉兴市在国内率先结合总量控制、形成以新建项目、新增主要污染物为基础的排污交易机制，并成立了排污权储备交易中心，交易的品种有二氧化硫(SO_2)和化学需氧量(COD)。

7.1.3 信息公开与公众参与

(1)信息公开

我国的环境信息公开在学习、借鉴国外经验的基础上主要通过自上而下来推动，这一点与西方社会自下而上推动环境信息公开的特征有较大的不同。1989年颁布的《中华人民共和国环境保护法》(以下简称《环境保护法》)在第二章第十一条就指出：“国务院和省、自治区、直辖市人民政府的环境保护行政主管部门，应当定期发布环境状况公报。”《环境保护法》第四章第三十一条做出规定，“因发生事故或者其他突然性事件，造成或者可能造成污染事故的单位，必须立即采取措施处理，及时通报可能受到污染危害的单位和居民，并向当地环境保护行政主管部门和有关部门报告，接受调查处理。”

(2)公众参与监督

《环境保护法》第一章第六条中明确规定,“一切单位和个人都有保护环境的义务,并有权对污染和破坏环境的单位和个人进行检举和控告”。《国务院关于环境保护若干问题的决定》(国发〔1996〕31 号)指出,“建立公众参与机制,发挥社会团体的作用,鼓励公众参与环境保护工作,检举和揭发各种违反环境保护法律法规的行为。报纸、广播、电视等新闻媒介,应当及时报道和表彰环境保护工作中的先进典型,公开揭露和批评污染、破坏生态环境的违法行为。”《环境信访办法》(国家环境保护总局令第 34 号)也规定,“信访人可以提出以下环境信访事项:检举、揭发违反环境保护法律、法规和侵害公民、法人或者其他组织合法环境权益的行为;对环境保护工作提出意见、建议和要求;对环境保护行政主管部门及其所属单位工作人员提出批评、建议和要求。”总体来看,目前这类环境规制工具取得了长足的进展,但要切实有效发挥公众监督作用尚有很长的路要走。

(3)自愿参与型

我国自 20 世纪 90 年代中期起开始尝试以开展自愿活动来促进环境保护与可持续发展。比如在经济领域提倡环境标志产品、绿色食品、有机食品以及环境管理体系的认证,支持生态工业园区与环境友好企业的建设等;在社会层面上利用绿色社区、环境优美乡镇、生态县市、环保模范城市等评选和创建活动,引导大众广泛参与。

将目前我国常用的环境规制工具归纳如表 7.1 所示。

表 7.1 目前我国常用的环境规制工具

环境规制工具类别		实施的时间
命令—控制型	环境影响评价制度	《建设项目环境保护管理条例》(1998.12) 《中华人民共和国环境影响评价法》(2003.09) 《建设项目环境影响评价分类管理名录》(2008.10)
	三同时制度	《关于保护和改善环境的若干规定》(1973 年首次提出) 《关于加强环境保护工作的报告》(1976 年重申该项制度) 《中华人民共和国环境保护法》明确规定(1979、1989 年)
	污染物总量控制制度	《大气污染防治法》第十五条(2000.09)、《中华人民共和国水污染防治法》第十八条(1984.11)、《海洋环境保护法》第三条(2000.04)

续 表

环境规制工具类别		实施的时间
命令—控制型	排污许可证制度	《水污染物排放许可证管理暂行办法》(1988.03)、《水污染防治实施细则》(1989.07)、《中华人民共和国水污染防治法》(2008.06)
	限期治理	《中华人民共和国环境保护法》第十八、二十九条规定(1989.12)
	关停并转	《国务院关于环境保护若干问题的决定》(1996.09)
市场型	排污收费	《征收排污费暂行办法》(1982.07) 《排污费征收标准管理办法》(2003.07)
	排污权交易	1987 年开始试点、《关于开展"推动中国二氧化硫排放总量控制及排污交易政策实施的研究项目"示范工作的通知》(2002.03)
公众参与型	信息公开	《中国环境状况公报》(自 1989 年开始编发)、《关于企业环境信息公开的公告》(2003.09)
	公众参与监督	《中华人民共和国水污染防治法》第五条(1996 年)、《中华人民共和国水污染防治法》第十条(2008 年修订)、《大气污染防治法》第五条(1995 年、2000 年)
	自愿参与型	中国环境标志产品认证委员会(1994 年正式成立)、中国环境管理技术委员会(1995 年成立)、环境管理体系审核中心(1996 年成立)、ISO14000 系列标准等同转化为国家标准(1996.10)

资料来源:由陈红枫等著《污染管制效率与交易成本》(中国环境科学出版社 2011 年版,第 53—93 页)整理。

7.2 基于技术创新激励的环境规制工具比较分析

不同的环境规制工具各有其优势,适用范围各异。马士国(2009)综合以往研究关于环境规制工具的分析表明,不同种类的环境规制工具在规制成本分配、不确定性表现、减污效率以及对技术创新的激励程度等方面存在差异。

为了比较不同环境规制工具对技术创新的影响,我们引入费舍尔等(Fisher,et al.,2003)的分析框架。

Fisher 等(2003)构建了一个基于技术创新、技术扩散与污染减排的三阶段理论模型。假定有 n 个同质的、竞争性企业,其中有一个企业是技术的创新者。在第一阶段中,创新企业决定在污染减排技术的开发上的

R&D 投入金额。在第二阶段，另外 $n-1$ 家企业将决定是否支付特许权使用费，采用新技术，抑或选择无研发成本、与原始创新不完全等同的仿制技术。在第三个阶段，所有的企业在既定的排放税或许可权价格下选择污染削减行为以达到削减成本与实际排污税费(或排放许可购买成本)的最小化的目的。

每个企业做出相应的减排决策使得污染处置成本最低，于是：

$$\mu(k,\tau)=\min_{a}[C(a,k)+\tau(e-a)] \tag{7.1}$$

其中：τ 为污染排放的“代价”，在征收排污税的条件下表示排放的税率，在实行污染排放许可权的政策下表示许可权的价格。e 为未削减时的污染排放量。$C(a,k)$ 表示企业在第三个阶段污染削减的成本函数，k 表示技术创新的状态，a 表示污染的削减量，并假定污染削减的成本在 a 上递增且是凸的，技术创新 k 由第一阶段决定，而在第三阶段是外生的，k 的提高将降低边际削减成本曲线的斜率，即满足 $C_a>0, C_{aa}>0, C_k>0, C_{kk}>0, C_{ak}<0, C_a(0,k)=0$。

那么，式(7.1)关于 a 的一阶条件为：

$$C_a(a,k)=\tau \tag{7.2}$$

即，污染的削减成本与污染的排放“代价”相等。

一般来说，创新者只能部分挤占其他企业采用新技术取得的外溢效应。假定这个技术的创新就是专利，而其他企业能够对这个专利进行一定程度的模仿。于是，在第二个阶段中，非创新的企业将决定是否支付一个固定的版权费 Y 以得到新技术 K 的许可使用。当然，他们还有另外一个选择，就是通过模仿将其自身的技术水平提高到 $\sigma k(0\leqslant\sigma\leqslant1)$。如果企业采用专利技术的成本(包括特许使用费支付)不超过模仿成本，它将选择采用专利技术。

每个企业关于是否采用专利技术的决策依赖于其他所有企业的决定以及既定均衡的许可价格。在实现纳什均衡的情形下，创新者能够收取的最大特许用费，就是使得最后一个企业在采用专利技术与模仿上的成本无差别。即：

$$Y=u(\sigma k,t)-u(k,t) \tag{7.3}$$

假定原始的创新能够完全扩散。这样，虽然在均衡状态下没有企业选择去模仿，但这种威胁限制了创新者从创新中获取社会利益的能力。

由式(7.1)、式(7.3)可以得到特许使用费的最大值表示为：

$$Y(k)=[C(a^{\sigma},\sigma k)-C(a^{1},k)]+\tau(k)(a^{1}-a^{\sigma}) \tag{7.4}$$

这里上标 σ、1 分别代表技术水平为 σk、k 的条件(7.2)的解。

在实行排放许可的情形下，由于产业范围内污染边际减排成本曲线下移会降低许可权价格，因此 $\tau=\tau(k)$(在实施排放税时 τ 是不变的)。在一定程度上，创新使得许可权的价格下降，采用创新专利的企业将因为在边际排放上花费的支付更少而获利[获利额表示为：$\triangle\tau(e-a^{1})$]。然而，创新者并不能攫取这部分收益，原因在于任何一个企业无论采用新技术与否都能够无偿获取许可价格下降的好处。

对式(7.4)关于 k 求导，得到特许使用费的边际变化为：

$$Y'(k)=\sigma C_{k}(a^{\sigma},\sigma k)-C_{k}(a^{1},k)+\tau'(k)(a^{1}-a^{\sigma}) \tag{7.5}$$

根据上文的假定，创新由一家企业投入研发活动完成，其技术创新的R&D 成本为 $F(k)$，满足 $F'>0$，$F''>0$。在第一阶段中，从事技术创新的企业做出研发的决定以实现利润最大化：

$$\max[\pi(k)=(n-1)Y(k)-C(a^{1},k)-F(k)-\tau(k)(e-a^{1}-\bar{e})] \tag{7.6}$$

创新企业的利润等于 $n-1$ 个企业的技术特许使用费减其自身污染削减成本、创新成本和自身污染排放支付(表现为排放税形式或排放许可权的购买)。$\bar{e}$ 表示在免费分配许可政策下创新企业得到的排放许可分配(外生的)，在实行排放税和可拍卖排污权的政策时，$\bar{e}=0$。

对式(7.6)关于 k 求利润最大化：

$$F'(k)=(n-1)Y'(k)-C_{k}(a^{1},k)-\tau'(k)(e-a^{1}-\bar{e}) \tag{7.7}$$

将式(7.5)带入式(7.7)得到企业最优技术创新的条件为：

$$F'(k)=\underbrace{-nC_{k}(a^{1},k)}_{\text{污染削减成本效应}}+\underbrace{(n-1)\sigma C_{k}(a^{\sigma},\sigma k)}_{\text{模仿效应}}-\underbrace{\tau'(k)(e-a^{1}-\bar{e})}_{\text{排放费支付效应}}+\underbrace{(n-1)\tau'(k)(e-a^{1}-\bar{e})}_{\text{采纳价格效应}} \tag{7.8}$$

式(7.8)表明创新的边际成本等于边际私人收益。其中，后者由四个部分构成。第一部分是污染削减成本效应，表示 n 个企业由于创新能够降低污染、消减成本而对新技术产生的支付意愿。第二部分是模仿效应，指由于创新加大了低成本模仿减排技术的可能性，导致 $n-1$ 个非创新企业对新技术支付意愿的降低。第三、四部分仅在排放许可的情形下适用。

第三部分排放费支付效应指由于创新降低了污染排放的许可价格，从而使得创新者的排放许可成本减少。在可拍卖排污权的情形下，创新者将支付$(e-a^1)$单位的污染排放费；而在免费分配可交易排污权情形下，若分配的排放指标$\bar{e}$小于(大于)排放数量$(e-a^1)$，则创新者将成为净的排放许可购买者(卖者)。第四部分是采纳价格效应，在免费分配的可交易排污权或可拍卖排污权的情形下，若非创新企业选择模仿则面临更高的污染排放，并将为额外的排放许可支付费用$t(k)(a^1-a\sigma)$。对于非创新企业来说，采用新专利技术能够降低许可权价格，进而减少相应的排放许可费用支出。

Fisher 等(2003)将不同的环境规制政策选择下决定创新激励的因素归纳为表 7.2。以上理论分析表明，在不同的外部环境下，排放税、免费分配可交易排污权以及可拍卖排污权这三种环境规制工具都有可能引致大量的创新。一般来说，污染削减成本效应对技术创新产生正向作用，而模仿效应则产生负面影响。对于政府来讲，当模仿较容易时，实施排放税政策比排放许可政策更能促进企业技术创新，反之，当模仿较为困难时，则采用排放许可政策对创新激励的效果更好。需要指出的是，该模型假定技术创新的唯一源泉是创新活动投资，并且技术创新过程确定，这与现实中的经济活动并不十分吻合。事实上，企业创新投资的成本、收益具有高度的不确定性，技术创新的路径除了研发投资外，还包括“干中学”以及相应的经验积累等。

表 7.2　创新激励的决定因素

	排放税	免费分配可交易排污权	可拍卖排污权
污染削减成本效应	+	+	+
模仿效应	—	—	—
排放费支付效应	0	0	+
采纳价格效应	0	—	—

7.3　基于技术创新激励的环境规制工具最优选择

制定环境规制工具的目标之一就是刺激、诱导企业进行技术创新，以实现对环境质量的有效保护(Kneese and Schultz，1978)。对于特定的地区来说，哪一种环境规制工具带来的创新激励效应更大、更有效，与其所面临的环境问题以及所处的经济、社会环境等因素密切相关。有鉴于此，我们将基于浙江省的相关数据比较不同环境规制工具技术创新激励效应的大小。

浙江省地处我国经济相对发达的东南沿海，近年来伴随经济的快速发展，浙江面临的环境污染形式也较为严峻。以工业污染物的排放为例，2004 年浙江省工业废气排放总量为 11749 亿立方米，到 2010 年已达 20434 亿立方米，其中生产工艺中产生的废气排放量从 2004 年的 3526 万吨增长为 2010 年的 6954 万吨。工业废水排放量与工业固体废物产生量也呈逐年上升态势，前者由 2004 年的 165274 万吨增长到 2010 年的 217426 万吨，后者由 2004 年的 2318 万吨上升为 2010 年的 4268 万吨(如图 7.1)。

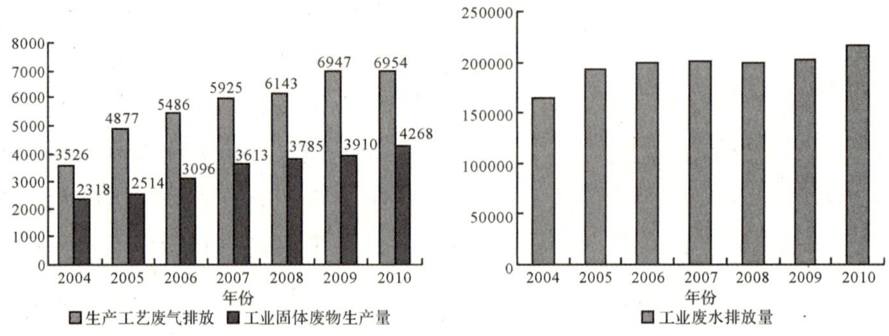

图 7.1　2004—2010 年浙江工业污染物排放情况

资料来源：浙江省统计局：《浙江省统计年鉴 2011》，中国统计出版社 2011 年版。

为了打造生态浙江，建设资源节约型和环境友好型社会，缓解社会经济发展对环境、资源的压力，目前浙江省采用的环境规制工具主要有排放标准、排污收费、排污许可证及补贴(如表 7.3)。

表 7.3　目前浙江省采用的环境规制工具

环境规制工具	法规条例依据
排放标准	1999 年国家发布《污水综合排放标准》(GB 8978—1996)
排污费	2005 年 11 月 1 日起施行《浙江省排污费征收使用管理办法》
排污许可证	2010 年 7 月 1 日起施行《浙江省排污许可证管理暂行办法》
补贴	2009 年发布《浙江省省级环境保护专项资金管理办法》

7.3.1 研究方法与模型设定

采用离散计数模型对浙江技术创新与环境规制工具之间的关系进行检验。Eviews 软件提供了多种计数模型的估计方法,包括泊松估计法、负二项极大似然估计法和拟极大似然估计法,其中,泊松估计法是比较常用的。在泊松模型(Poisson Model)中,假定因变量 y_i 都服从参数为 $m(x_i,\beta)$ 的泊松分布,m 为指标变量,和自变量 x_i 有关。当给定 x_i 时,y_i 的条件密度服从泊松分布,即:

$$f(y_i \mid x_i,\beta) = \frac{e^{-m(x_i,\beta)} m(x_i,\beta)^{y_i}}{y_i!}, y_i = 0,1,2,\cdots \tag{7.9}$$

根据泊松分布的特点,可得

$$\mathrm{var}(y_i \mid x_i,\beta) = E(y_i \mid x_i,\beta) = m(x_i,\beta) = e^{x_i\beta} \tag{7.10}$$

通过对数似然函数最大化可得到参数 β 的估计值。如果条件均值分布能被正确指定,并且 y 的条件分布是泊松分布,则得到的极大似然估计量 β 是一致、有效的,且服从渐进正态分布。

在利用离散计数模型探讨环境规制工具与技术创新之间关系时,借鉴周华等(2011)的实证研究,设立如下计量模型:

$$Ln(y) = \beta_0 + \beta_1 GCZ + \beta_2 VSS + \beta_3 FS + \beta_4 SO_2 + \beta_5 ERI \tag{7.11}$$

其中,y 为技术创新,我们分别用大中型企业专利申请数 ZLS 和新产品开发项目数 XCP 表示;GCZ 为大中型工业企业总产值;VSS 为国际垂直专业化水平,反映各产业参与国际产品内分工的程度;FS、SO_2 分别表示各产业废水、废气二氧化硫的排放量;ERI 为环境规制工具,本章主要分析了排放标准 PFB、排污费 PWF、排污许可证 XKZ、补贴 BT 四种环境规制工具,考虑到环境规制工具变量的虚拟变量较多,为了防止出现多重共线性问题,在具体的模型回归中我们去掉了排放标准 PFB,最终将排污费 PWF、排污许可证 XKZ、补贴 BT 一起代入离散计数模型。至于环境规制工具变量的设定,则根据其覆盖的产业分布情况来取值,如果该产业适用该类环境规制工具,就将该产业下的环境规制工具变量取值为 1,否则取值为 0。

7.3.2 样本产业选择与变量数据来源

7.3.2.1 样本产业的选取

按照浙江省统计局公布的数据，并根据本文的研究目的，我们选取2010年浙江省工业企业中的25个行业部门作为样本产业。环境规制工具覆盖的产业分布如表7.4。

表7.4 2010年浙江环境规制工具覆盖的产业分布

环境规制工具	覆盖产业范围
排放标准	H1食品加工制造业，H2饮料制造业，H3烟草制造业，H4纺织业，H5纺织服装、鞋、帽制造业，H6皮革、毛皮、羽毛(绒)及其制品业，H7木材加工及家具制造业，H8造纸及纸制品业，H9印刷业和记录媒介的复制，H10化学原料及化学制品制造业，H12化学纤维制造业，H13橡胶制品业，H15非金属矿物制品业，H22电气机械及器材制造业，H23通信设备、计算机及其他电子设备制造业，H24仪器仪表及文化、办公用机械制造业，H25电力、热力的生产和供应业
排污费	H4纺织业，H6皮革、毛皮、羽毛(绒)及其制品业，H7木材加工及家具制造业，H8造纸及纸制品业，H9印刷业和记录媒介的复制，H11医药制造业，H13橡胶制品业，H14塑料制品业，H15非金属矿物制品业，H16黑色金属冶炼及压延加工业，H17有色金属冶炼及压延加工业，H18金属制品业，H19通用设备制造业，H20专用设备制造业，H21交通运输设备制造业，H25电力、热力的生产和供应业
排污许可证	H4纺织业，H5纺织服装、鞋、帽制造业，H6皮革、毛皮、羽毛(绒)及其制品业，H10化学原料及化学制品制造业，H11医药制造业，H14塑料制品业，H15非金属矿物制品业，H18金属制品业，H19通用设备制造业，H22电气机械及器材制造业，H23通信设备、计算机及其他电子设备制造业，H25电力、热力的生产和供应业
补贴	H25电力、热力的生产和供应业

资料来源:《浙江省排污费征收使用管理办法》《浙江省排污许可证管理暂行办法实施细则(试行)》《浙江省省级环境保护专项资金管理办法》以及浙江省环境保护厅的相关资料。

7.3.2.2 变量数据来源

(1)大中型工业企业专利申请数与新产品开发项目数来源于《浙江科技年鉴2011》。

(2)大中型工业企业总产值来源于《浙江省统计年鉴2011》。

(3)各产业参与国际垂直专业化的水平参考殷宝庆(2012b)对浙江制

造业垂直专业化程度的测算方法得到(见表 7.5)。由于浙江省公布的投入产出表在时间上是不连续的,出于数据可得性上的考虑,2010 年浙江各产业的垂直专业化水平由 2007 年 144 部门的投入产出表集结后测算得到的数值替代进入回归模型。

(4)各产业废水排放量与 SO_2 排放量的数据来源于《浙江自然资源与环境统计年鉴 2011》。

表 7.5 2010 年浙江工业部门垂直专业化水平

产业名称	垂直专业化水平	产业名称	垂直专业化水平
H1	0.125	H14	0.439
H2	0.164	H15	0.284
H3	0.053	H16	0.408
H4	0.138	H17	0.374
H5	0.134	H18	0.392
H6	0.222	H19	0.348
H7	0.176	H20	0.351
H8	0.291	H21	0.348
H9	0.294	H22	0.34
H10	0.467	H23	0.262
H11	0.248	H24	0.347
H12	0.307	H25	0.069
H13	0.362		

资料来源:作者自己计算处理得到。

7.3.3 模型回归结果与分析

在 Eviews 6.0 中选择计数模型中的泊松估计法,我们得到如下回归结果。

从表 7.6 可以看出,在分别以专利申请数和新产品开发项目数为被解释变量的离散计数模型中,GCZ、VSS、FS 的系数估计均为正值,表明这些因素对大中型企业的技术创新具有正向影响。而 SO_2 的系数估计值为负,说明废气 SO_2 的排放量对企业技术创新有负向作用,这一结果的出现

可能与对 SO_2 排放量的有效监管相对困难以及达到 SO_2 减排目标的技术相对复杂、非短期内可以完成等因素有关。在离散计数模型中，四种环境规制工具都对大中型企业的技术创新产生正向的激励效应。按照输出结果得到的模型估计形式为：

$$Ln(ZLS) = 5.02756 + 0.000955GCZ + 0.189648VSS + 7.38E-07FS - 0.230149SO_2 + 0.330576PWF + 0.811598XKZ + 4.897956BT \tag{7.12}$$

$$Ln(XCP) = 4.572757 + 0.000878GCZ + 0.521438VSS + 8.87E-07FS - 0.244407SO_2 + 0.376113PWF + 0.784545XKZ + 5.1448BT \tag{7.13}$$

表 7.6 离散计数模型的估计结果

变量	ZLS			XCP		
	估计系数	Z 统计量	Prob.	估计系数	Z 统计量	Prob.
常数项	5.0276	159.117	0.0000	4.5728	115.424	0.0000
GCZ	0.0009	99.048	0.0000	0.0008	72.436	0.0000
VSS	0.1897	2.029	0.0424	0.5214	4.444	0.0000
FS	7.38E−07	0.638	0.5235	8.87E−07	0.617	0.5372
SO_2	−0.2302	−21.346	0.0000	−0.2444	−18.287	0.0000
PWF	0.3306	20.187	0.0000	0.3761	18.163	0.0000
XKZ	0.8116	49.822	0.0000	0.7846	38.829	0.0000
BT	4.8979	12.302	0.0000	5.1448	10.275	0.0000
R^2	0.881			0.868		

其中，对于工业总产值 GCZ，在其他条件不变的情形下，GCZ 每增加一个百分点，则大中型工业企业的专利申请数量预期增加约 0.096%、新产品开发项目数量预期增加约 0.088%；对于产业垂直专业化水平 VSS，在其他条件不变的情形下，VSS 每增加一个百分点，则大中型工业企业的专利申请数量预期增加约 18.96%、新产品开发项目数量预期增加约 52.14%；对于工业废水排放量 FS，在其他条件不变的情形下，FS 每增加一个百分点，则大中型工业企业的专利申请数量预期增加约 0.000074%、新产品开发项目数量预期增加约 0.000089%；对于工业废气排放量 SO_2，

在其他条件不变的情形下，SO_2 每增加一个百分点，则大中型工业企业的专利申请数量预期减少约 23.01%、新产品开发项目数量预期减少约 24.44%。

显而易见，在工业总产值、产业垂直专业化水平、工业废水排放量、工业 SO_2 排放量四个变量中，工业总产值、产业垂直专业化水平和工业废水排放量对大中型企业的技术创新产生积极的正向影响，即垂直专业化水平较高、工业总产值较大、废水排放量较多的产业从事技术创新的倾向性更强。

在以专利申请数为被解释变量的模型中，变量 PWF、XKZ、BT 的估计系数分别为 0.331、0.812、4.898；在以新产品开发项目数为被解释变量的模型中，变量 PWF、XKZ、BT 的估计系数分别为 0.376、0.785、5.145。即在前者中排污费、排污许可证与补贴三种环境规制工具对企业专利申请的激励效应比排放标准分别高约 33.1%、81.2%和 489.8%，在后者中这三种环境规制工具对企业新产品开发项目数的激励效应比排放标准分别高约 37.6%、78.5%和 514.5%。

7.4 本章小结

环境规制政策的内容涵盖环境规制强度和环境规制工具选择两个层面，并都构成影响企业技术创新绩效的重要因素。本章对我国现阶段的环境规制工具进行了全面回顾，总体来说，我国目前已经形成包括命令—控制型、市场型以及公众参与型等多种手段的环境规制政策体系。为了比较不同环境规制工具对技术创新激励的影响，我们引入 Fisher 等(2003)构建的基于技术创新、技术扩散与污染减排三阶段理论模型，探讨了在分别实行排放税、免费分配可交易排污权与可拍卖排污权这三种环境规制工具的情形下，污染削减成本效应、模仿效应、排放费支付效应以及新专利的采纳价格效应等因素对创新激励的作用方向。在此基础上，选取浙江省 2010 年的 25 个工业部门作为样本产业，采用离散计数模型考察了四种环境规制工具对技术创新作用力的方向及大小。研究结果表明：工业总产值、产业垂直专业化水平和工业废水排放量对大中型企业的技术创新具有积极的正向影响。四种环境规制政策工具都对浙江企业的技术创新激励产生正向作用，就其作用力大小进行排序，关系为：补贴＞排污费＞排污许可证＞排放标准。

第8章

主要结论与研究展望

本章在对前文研究内容进行梳理的基础上，归纳和总结出本书主要的研究结论，并提出相应的对策建议，最后指出本书研究的不足并对未来进一步的研究方向进行了展望。

8.1 主要研究结论

在中国经济日益融入垂直专业化的背景下，环境与经济发展之间的矛盾变得更加突出，企业实现技术升级的需求也愈加迫切。出于环境保护考虑，作为社会性规制范畴的环境规制政策的引入，到底能否激励我国企业的技术创新？如果答案是肯定的，则随着时间性收敛我国能够实现经济发展与环境保护的“双赢”；反之，则这种以牺牲环境为代价的外贸与经济发展模式不可持续。为了对上述问题进行探讨，本书在垂直专业化视角下构建了一个环境规制影响技术创新的理论模型，探讨了环境规制对企业技术创新方向、要素资源配置以及产出的影响。在此基础上，将环境规制的技术创新效应区分为对技术创新生产本身、技术创新经济效应的影响两个层次，分析了其内在的作用机理，并运用计量模型分别就垂直专业化、环境规制对技术创新绩效、技术创新效率以及绿色全要素生产率的影响进行了实证分析。除了考察环境规制强度外，我们还探讨了不同类型环境规制工具对技术创新的激励效应，并采用离散计数模型进行了实证检验。本书得出的主要结论有如下几点：

结论一：环境规制通过时期效应和强度效应对技术创新绩效具有一定的激励作用。

所谓的时期效应，即管理水平的提高、政府连锁效应、公众舆论压力等因素提高环境规制的影响力，从而刺激企业的技术创新。而强度效应则表明，适度加大环境规制力度，对企业的刺激作用越强，有利于加速推动企业的技术创新。第四章在 Julio 等(2004)构建的环境投入产出模型基础上测算了中国进口中间品的 CO_2 含量，并将其引入对技术创新绩效的分析框架，基于 27 个制造行业面板数据的经验研究证实，加大环境规制力度能够促进科技活动人员占比及专利申请数量向着有利于提高本土企业技术创新绩效的方向发展，进口中间品碳排放与环境规制强度对技术创新绩效的影响在异质性行业间存在显著差异。

结论二:环境规制可以通过创造新的市场需求、影响企业空间布局、改善信息交流功能等渠道对技术创新效率产生作用。

为了打开创新过程的"黑箱",第五章采用网络 DEA 模型的最新成果测算了工业企业技术创新的整体效率以及两个子阶段的创新资源转换效率和创新知识转化效率,基于异质性区域的实证检验发现,环境规制强度与企业技术创新整体效率在东部地区呈"U"形关系,在西部地区符合倒"U"形关系,而在中部地区尚未形成统计检验上显著的"U"形关系。基于产业集聚视角,对环境规制—产业集聚—技术创新过程效率这条路径的中介效应检验表明,环境规制对技术创新两个子阶段过程效率的作用方向在东、中、西三大经济区域间并不同步。

结论三:环境规制的遵循成本效应与创新抵偿效应使得其与绿色全要素生产率之间的关系呈现并非简单的线性关系。

绿色全要素生产率是考虑环境变动指标的全要素生产率,在当下大力提倡科学发展观、实现经济可持续发展的背景下具有更加积极的现实意义。第六章采用非径向、非角度的 SBM 模型测算了中国制造业考虑工业废水、二氧化硫、烟尘、粉尘排放量四个非期望产出的绿色全要素生产率,采用中国制造业的经验研究证实,环境规制强度与绿色全要素生产率之间的关系整体上呈现"U"形关系,区分清洁型部门与污染密集型部门的回归检验表明,环境规制强度对清洁型部门绿色全要素生产率正向作用方向的拐点要先于污染密集型部门呈现。

结论四:参与国际垂直专业化对制造业技术进步产生积极的正向作用。

参与国际垂直专业化,通过获取进口中间品的技术外溢效应以及分工协作中的前、后向产业关联效应,总体上有利于我国企业的技术创新。与此同时,企业自身的技术消化、吸收能力与不同的行业特征也是影响垂直专业化技术进步要素发挥作用的重要因素。基于行业特征差异,本书的实证研究发现,垂直专业化在低集中度、低开放水平、高技术行业中对技术进步的促进作用更大;基于地区差异角度,参与国际垂直专业化对东部地区企业的技术创新效率具有显著正向作用,但在中西部地区由于受到人力资本相对匮乏、基础设施条件相对落后等条件的制约,导致其对技术创新效率的积极效应并不十分明显。

结论五:不同类型的环境规制工具对企业技术创新的激励效应大小存在差异。

第七章引入 Fisher 等(2003)理论框架分析表明,在排放税、免费分配可交易排污权与可拍卖排污权三种环境规制工具中,究竟哪种类型的环境规制工具能够实现对技术创新激励效应的最大化,在很大程度上依赖于污染削减成本效应、模仿效应、排放费支付效应与新专利的采纳价格效应这几个变量之间的综合权衡。基于浙江省 25 个工业行业的 logit 计量模型的实证检验也表明,环境规制工具对技术创新的激励作用受经济发展水平、行业特征以及外部环境等多种因素的影响。

8.2 政策建议

在中国企业日益融入国际垂直专业化的进程中,如何促进环境规制政策对技术创新的正向激励效应,对于实现我国产业的转型升级与经济的可持续发展,具有十分重要的意义。针对上述研究结论,为了更好发挥环境规制政策对企业技术创新的引导、激励作用,并实现垂直专业化分工的利益最大化,本书尝试着在如下五个方面提出相应的政策建议。

8.2.1 鼓励主动融入国际垂直专业化分工

本书的实证研究结论表明,我国企业在参与国际垂直专业化、积极融入全球生产网络的过程中,通过静态比较优势、产业集聚、示范与模仿、市场竞争、人力资本流动以及上下游的产业关联等效应发生技术外溢、扩散等,可以促进本土企业的技术进步与自主创新。因此,政府一方面应鼓励企业通过集群的集体行动,与跨国公司以及上下游环节的厂商建立更加均衡的协作关系,提升其在国际竞争中的地位与话语权,获取更多的附加价值;另一方面,政府应该搭建以技术创新为核心,集市场信息、标准检测、金融保险服务等为一体的公共服务平台,这将为制造企业向高附加值的工序环节迈进提供良好的外部环境。针对新一轮国际生产要素流动和产业转移的有利契机,政府应积极推动东部沿海地区垂直专业化的深入发展,同时鼓励中西部地区借鉴东部沿海的成功经验,并结合人力资源、区位、产业配套、综合服务能力等各方面存在的比较优势参与国际分工,拉伸和延长全球价值链在国内的工序环节,在加大知识外溢与扩散力度的同时，提高各地企业自身的技术吸收能力。

8.2.2 进一步提高环境规制的相对力度

政府应当在鼓励制造企业参与国际垂直专业化分工的同时，进一步提高环境规制的相对力度。从短期来看，环境规制尽管对中国制造业的生产成本与技术进步带来负面影响，但这种影响是有限的，尚在可以承受的范围之内，那种认为环境规制会降低中国产品竞争力的担忧是没有必要的（董敏杰、梁泳梅、李钢，2011）。而从长期来看，适当的环境规制将刺激企业进行技术革新，减少生产费用，提升产品质量，这样既可利用国外清洁型进口中间品对国内“肮脏”生产环节的替代效应，引导企业将高污染、高能耗的一些生产环节向国外转移，又可能使国内企业在国际市场上获得竞争优势的同时，提高产业绿色全要素生产率。本书的发现与陈诗一（2010）的研究结论是一致的。

目前我国面临的资源环境约束趋于强化，传统粗放型的经济增长方式已经难以为继，为了实现经济发展与环境保护的双赢、并促进环境友好型产业的转型升级，政府在鼓励制造企业积极融入全球生产网络、促进技术进步与提升产业国际竞争力的同时，针对环境规制问题要避免以下两种误区：一是试图通过降低环境标准来提高产品国际竞争力的短视行为；二是不切实际，盲目提高环境规制强度的跟风行为。

8.2.3 因地制宜实行差异化环境规制强度

本书基于地区层面的实证研究发现，环境规制强度在东部地区与技术创新效率符合“U”形关系，在西部地区呈现倒“U”形关系；基于行业层面的实证研究表明，环境规制强度与制造业绿色全要素生产率整体上符合“U”形关系，但与此同时，其对绿色全要素生产率的影响在清洁型部门与污染密集型部门也存在一定的差异性。因此，针对区域经济非均衡发展的客观现实，建议各地可以实施与经济发展水平相适应的环境规制政策。东部地区的人均收入较高，人们对污染问题的容忍度较小，对清洁型环境的需求更迫切。在这些经济发达地区加大环境规制的强度，引导企业推广清洁型技术，创造新的商机和就业机会，并支持企业向更有效率的生态经济转变，将有利于技术创新效率的提升。中西部地区的环境资源禀赋相对丰富，环境的承载力与污染的自净力较强，与之相对应，该地区企业技术水平大多较低且对环境规制的敏感度较高。对这些后发地区采取相对适中的环境规制力度，既能防止污染密集型行业的过度集中，又能避免企业由于环境规制强度过高而不得不从创新投入中抽取较多的资金用于节能减排，从而有利于技术创新效率的改善。针对各个工业行业的现实特征，也需要制定、实施差异化、有针对性的环境规制力度，并加以滚动修订。比如在环境规制强度对绿色全要素生产率的作用中，要使其尽快通过“U”形曲线底部的拐点，在“U”形曲线的上升阶段中持续发挥积极作用，以实现经济发展与环境保护的“双赢”目标。

8.2.4 倡导采取灵活多样的环境规制形式

要根据特定产业污染物排放特点以及目标群体多元化特征，充分发挥环境工具组合效应对技术创新的积极作用。一国的环境规制对企业的影响，不仅取决于环境规制强度的松紧，而且还与环境规制的形式有关(Sartzetakis and Constantatos，1995)。本书以浙江省 25 个工业行业为研究对象的实证结果表明，不同环境规制工具对技术创新激励作用的大小受经济发展水平、行业特征以及外部环境等多种因素的影响。胡剑锋、朱剑秋(2008)基于浙江温州平阳县水头制革基地水污染整治的典型案例分析也证实，收费工具与税收工具在污染整治方面各有其优缺点。鉴于单一环境规制工具的实施效果受到多种因素的制约，对于环境规制工具的选择我们提倡在市场型工具和命令控制型工具中进行灵活组合与综合运用，广泛应用环境税、排污费、排放权交易等以市场为基础的环境规制手段，引导企业改变原有粗放型的生产经营模式，刺激企业在生产技术上进行改造、提升与创新，从而实现产业结构的优化与升级。比如对一些需要政府重点扶持的战略性新兴产业，可以更多地考虑采用补贴与排污费的工具组合的方式，以发挥其对技术创新的激发作用。针对本书的研究结论，在纺织服装、家具制造、电气机械与仪器仪表等清洁型制造业部门中，可以更多地推广使用环境税、回收利用系统、绿色消费等与市场需求密切相关环境规制手段，而在纺织业、造纸及纸品业、化学原料及制品制造业、橡胶与塑料制品制造业等污染密集型产业中，则可以集中采用排放权交易、排污费—返还机制与税收—补贴机制等环境规制措施。

20 世纪 80 年代以来，美国、英国等发达国家为了降低环境规制成本、提升规制效率，在环境规制政策、规制手段、规制模式及具体执行等方面进行了积极的改革与创新。以美国环境保护署(EPA)在环境规制政策影响评估中通常采用的收益—成本分析法为例，具体步骤包括环境规制条例的成本测算、收益估算以及成本与收益的比较分析等(赵红，2006)。考虑到环境规制形式多样，牵扯到不同的领域以及不同的环境规制目标，其对不同地区、不同行业乃至企业的影响也存在较大差异。因此，为了更好发挥环境规制对技术创新的激励作用，借鉴发达国家的成功经验，建议在增强企业环境保护意识的同时，引入环境规制影响的分析评价，这将为政府灵活制定和执行不同的环境规制形式提供一种恰当的决策参考。

8.2.5 完善体制与机制等方面的配套工作

政府在利用环境规制提升技术创新的过程中，要在体制、机制等方面做好相关的配套支撑工作。具体来说包括以下三方面的内容：

一是各地要因地制宜逐步完善知识产权保护制度，适当加强知识产权保护力度，通过价格、税收、补贴等工具，为技术创新提供有效的制度保障与经济激励。本书引入 Fisher 等(2003)理论分析框架说明，模仿效应在实行排放税、免费分配可交易排污权与可拍卖排污权三种环境规制工具的情形下，都对技术创新激励产生负面影响。在国际垂直专业化过程中，东道国的知识产权保护程度是跨国公司决定将何种工序环节外包时需要考察的重要因素之一。岳书敬(2011)基于中国省级层面的数据研究表明，加强知识产权保护有利于我国吸收更多高质量的 FDI，其带来的正向技术外溢效应可以在一定程度上抵消其对技术低成本扩散的抑制效应。但张建忠、刘志彪(2011)采用中国 2006—2009 年 29 个行业的实证研究证实，强知识产权保护事实上造成国有企业与国外跨国公司之间的技术差距在拉大的结果，会使本土企业陷入“赶超陷阱”的困境。因此，如何依据本国产业在垂直专业化分工中所处国际地位与本国企业对国外先进技术的消化、吸收能力，建立与之相匹配的知识产权保护制度，才是破解困局的关键。我们认为，实行适度的知识产权保护既有利于跨国公司对外的技术转移、知识外溢效应的发挥，同时也有利于保护知识产权所有者的正常利益，从而充分调动他们的技术创新热情，推动本土企业在技术模仿的同时，尽快实现“二次创新”。尤其在当前可以借鉴欧盟、美国、日本等发达国家比较成功的经验，积极培育提高企业的知识产权保护意识，在逐步健全知识产权保护制度建设的同时，进一步加强知识产权保护的执法力度。

二是要营造一个有利于市场机制发挥作用的政策环境，比如培育和建立较完备的市场规则、良好的法制环境以及市场化社会服务体系等，要通过积极推动产业集群高级化、培育区域创新网络、打造促进科研成果转化和产业化的创新平台等举措，为环境规制对技术创新效率的正向效应营造一个良好的内、外部环境。特别是对于经济先天不足的中西部地区来说，政府要在适度提高市场化程度的同时，加大对区域内重大重点科技创新项目的扶持力度，并动用相应的政策工具引导创新资源要素向该地区集聚，以实现资源更有效率的配置与技术创新效率的提升。

三是加大高层次创新型科技人才的培养力度。人才是技术创新的主要推动力和决定性因素，科技人才团队的数量规模、质量层次、配置结构与科技人力资源开发和利用效率的高低，在很大程度上决定了国家与地区竞争力的高低。在本书的研究结论中，人力资本存量在东、中、西三大经济区域均未能对技术创新效率发挥明显的正向作用。因此，当前我国要在最大限度地提高人均受教育年限、提升人力资本存量的同时，重点关注拔尖型、高层次创新型科技人才的培养。要逐步完善人才的激励和保障措施，营造良好学术环境与创新氛围，引导海内外高端创新型人才向企业集聚，并充分发挥其主观能动性，以形成人才与产业互动发展的良好局面。

8.3 有待深入研究的几个问题

本书通过构建垂直专业化背景下环境规制影响技术创新的理论框架，并从行业和地区层面进行了实证检验，并得到很多具有启发意义的结论，这在一定程度上丰富和促进了该领域的理论与实证研究。然而，综观全书，仍然存在一些问题与不足之处，有待进一步研究、完善。

第一，环境规制强度的最优选择问题。环境规制强度不仅依赖于经济发展水平，而且与环境规制成本（包括会计成本、隐性直接成本、隐性间接成本三个部分)密切相关。学者们出于各自研究目的,选取测度环境规制强度的指标不同,得到的测算结果也有所差异。比如污染排放量、人均收入以及污染治理经费投入等这些衡量环境规制强度的指标,到底孰优孰劣?目前尚未有定论。本书出于数据可得性、完整性方面的考虑,在对技术创新效应的实证研究中分别选取废水与废气污染治理设施的人均费用、SO_2 去除率以及废气去除率与废水达标率的综合指标来替代测算环境规制强度,虽然具有一定的合理性,但探寻更科学、更合理的替代指标,无疑是促进环境规制的技术创新效应经验研究的一个重要方向。从环境规制强度的差异性来讲,各个行业特征、各省省情不同,与之相适应的环境规制强度也相应不同,伴随着环境规制工具的不断创新,对技术创新的作用也将随之而改变。如何因地制宜选择最优的环境规制强度,最大限度地刺激企业技术创新、并促进产业可持续发展是一个值得深入研究的问题。

第二,环境规制政策的执行问题。环境规制对技术创新激励作用的发挥不仅与环境规制强度、环境工具形式的选择有关,而且与环境规制政策的执行情况息息相关。我国环境规制总体上实行的是统一规制下的地方政府负责制,一方面中央政府部门在制定环境规制政策时,容易受到一些垄断行业、大型国企、代表某些行业利益的国家部委等政治利益集团的影响,产生所谓的规制俘获;另一方面地方政府在环境规制政策的执行中面临"环保"与"经济"的抉择,可能存在逆向选择与道德风险,而受规制的污染排放企业也或多或少存在一定机会主义的倾向。因此,如何提升政府部门的环境规制效率,对企业污染行为形成强有力的约束与监督,并达到促进企业技术创新的目的,这是一个有待深入研究的问题。与此同时,考虑到地区经济之间发展的不平衡,东部沿海经济发达省份对环境规制政策执行相对严格,而中、西部省份可能相对宽松,那么在环境规制政策执行上是否会出现中西部地区向东部地区的学习或跟随效应,跨区域之间的污染排放利益该如何协调,而这对不同区域企业的技术创新又会产生何种影响,这都是值得进一步深入探讨的问题。

第三,环境规制与垂直专业化及外贸利得的关系问题。本书将国际垂直专业化引入环境规制的技术创新效应分析框架,主要探讨了环境规制和垂直专业化对技术创新的影响,对于环境规制是否影响我国企业参与垂直专业化在全球价值链环节中的位置，具体机理以及冲击效果如何，本书仅做了初步的检验。对于环境规制如何影响外贸利得、进而对技术创新产生作用的渠道尚未进行深入详尽的研究。① 而在目前外需持续疲软、贸易环境趋紧、出口利润空间受到压缩以及产业转型升级的大趋势下，探讨环境规制对垂直专业化及外贸利得的影响，对于促进企业技术创新、助推外贸转型升级是一个重大的课题。这也是笔者下一步准备研究的方向。

① 最近研究表明：短期内，严格的国内环境规制将提高污染密集型行业中间投入品生产成本，促使其利用更多的进口中间品，参与国际垂直化程度加深；长期看来，严格的国内环境规制将促使污染密集型行业提高生产率，降低国内生产成本，减少对国际市场中间产品依赖，垂直专业化程度下降。具体见：谢锐、刘岑婕《国内环境规制对垂直专业化分工的影响研究》，《世界经济与政治论坛》2015 年第 1 期。

参考文献

[1] Acemoglu D,Aghion P,Bursztyn L,et al. The Environment and Directed Technical Change[J]. American Economic Review,2012,102(1).

[2] Aghion P,Howitt P. Model of Growth through Creative Destruction [J]. Econometrica,1992,60(2).

[3] Alpay E,Kerkvliet J,Buccola S. Productivity Growth and Environmental Regulation in Mexican and U. S. Food Manufacturing[J]. American Journal of Agricultural Economics,2002,84(4).

[4] Ambec S,Barla P. A Theoretical Foundation of the Porter Hypothesis [J]. Economics Letters,2002(75).

[5] Ambec S,Cohen M A,Elgie S,et al. The Porter Hypothesis Regulation at 20: Can Environmental Regulation Enhance Innovation and Competitiveness? [J]. Social Science Electronic Publishing,2010,7(1).

[6] Antràs P,Helpman E. Global Sourcing[J]. Journal of Political Economy, 2004,112(3).

[7] Antràs P. Firms,Contract and Trade Structure[J]. Quarterly Journal of Economics,2003,118(4).

[8] Antweiler W,Copeland B,Taylor MS. Is Free Trade Good for the Environment? [J]. American Economic Review,2001(9).

[9] Arimura T,Hibiki A, Johnstone N. An Empirical Study of Environmental R&D:What Encourages Facilities to Be Environmentally-innovative? [C]. Johnstone, N. Environmental Policy and Corporate Behaviour Edward Elgar,Cheltenham,Northampton,2007.

[10] Atkeson A,Burstein AT. Innovation,Firm Dynamics,and International Trade[J]. Journal of Political Economy,2010,118(3).

[11] Balassa BA. Trade Liberalization among Industrial Countries: Objectives and Alternatives[M]. New York: McGraw-Hill Press,1967.

[12] BankerRD,Natarajan R. Evaluating Contextual Variables Affecting Productivity Using Data Envelopment Analysis [J]. Operations Research,2008,56(1).

[13] Barbara A J,Mconnell V D. The Impact of Environmental Regulations

on Industry Productivity:Direct and Indirect Effects[J]. Journal of Environmental Economics and Management,1990(18).

[14] Barron R M,Kenny D A. The Moderator-Mediator Variable Distinction in Social Psychological Research: Conceptual, Strategic, and Statistical Considerations[J]. Journal of Personality and Social Psychology, 1986,51(6).

[15] Batrakova S. Does Industry Concentration Matter for Pollution Heaven Effects? [J]. Centre for Climate Change Economics and Policy Working Paper,2012(106).

[16] Baumol W J, Oates W E. The Theory of Environmental Policy[M]. New Jersey:Pretice Hall Press,1988.

[17] Benarroch M,Weder R. Intra-industry Trade in Intermediate Products, Pollution and Internationally Increasing Returns[J]. Journal of Environmental Economics and Management,2006(52).

[18] Blackhurst R. International Trade and Domestic Environmental Policies in a Growing World Economy[G]. Blackhurst R, et al. International Relations in a Changing World. Geneva:Sythoff-Leiden,1977.

[19] Boroughs DL,Carpenter B. Helping the Planet and the Economy [J]. U.S. news & World Report,1991(11).

[20] Brannlund RY,Chung,et al. Environmental Regulation and Profitability: An Application to Swedish Pulp and Paper mills[J]. Environmental and Resouce Economics,1996,6(1).

[21] Brunnermeier S B, Cohen M A. Determinants of Environmental innovation in U. S. Manufacturing Industries [J]. Journal of Environmental Economics and Management,2003,45(2).

[22] Buckley P J. The Impact of the Global Factory on Economic Development [J]. Journal of World Business,2009,44(2).

[23] Calabrese G, Erbetta F. Outsourcing and Firm Performance: evidence from Italian Automotive Suppliers [J]. International Journal of Automotive Technology & Management,2005,5(4).

[24] Campa J,Golderg L. The Evolving External Orientation of Manufacturing

industries: Evidence from Four Countries [J]. Economic Policy Review, 1997.

[25] Chen Yongmin, Jota Ishikawa, Yu Zhihao. Trade Liberalization and Strategic Outsourcing [J]. Journal of International Economics, 2004, 63(2).

[26] Chichilnisky G. North-south trade and the global environment[J]. The American Economic Review, 1994, 84(4).

[27] Cho, K R. The Role of Product-Specific Factors in Intra-Firm Trade of U. S. Manufacturing Multinational Corporations [J]. Journal of International Business Studies, 1990, 21(2).

[28] Chung YH, Fare R, Grosskopf S. Productivity and Undesirable Output: A Directional Distance Function Approach[J]. Journal of Environmental Management, 1997(51).

[29] Clemenz G. Intra-Industry Trade, Environmental Policy, and Innovations: The Porter-Hypothesis Revisited [D]. Harvard Kennedy School, 2012.

[30] Clogg C, Petkova E, Shihadeh ES. Statistic Methods for Analyzing Collapsibility in Regression Models [J]. Journal of Educational Statistics, 1992, 17(1).

[31] Coe DT, Helpman E, Hoffmaister A W. North-South R&D Spillovers [J]. The Economic Journal, 1997(107).

[32] Coe DT, Helpman E. International R&D Spillover[J]. European Economic Review, 1995, 39(5).

[33] Coelli T, Rao D, Battese G. An Introduction to Efficiency and Productivity Analysis[M]. Boston: Kluwer Academic Publishers Press, 1998.

[34] Cohen W M, Levinthal D A. Absorptive capacity: A New Perspective on Learning and Innovation [J]. Administrative Science Quarterly, 1990(35).

[35] Cole MA, Elliott RJR. Do Environmental Regulations Influence Trade Patterns? Testing Old and New Trade Theories [J]. The

world Economy,2003,26(8).

[36] Copeland BR,Taylor MS. A Simple Model of Trade,Capital Mobility, and the Environment[J]. NBER Working Paper, 1997(5898).

[37] Cropper M L,Oates W E. Environmental economics:A Survey[J]. Journal of Economic Literature,1992(30).

[38] Cui Jingbo,Ji Yongjie. The Environment, Trade and Innovation with Heterogeneous Firms: A Numerical Analysis[J]. AAEA & NAREA Annual Meeting Working Paper,2011.

[39] Daly H,Goodland R. An Ecological-economic Assessment of Deregulation of International Commerce under GATT[J]. Ecological Economics, 1994,9(1).

[40] Dasgupta S,Mody A,Roy S,et al. D. Environmental Regulation and Development:A Cross-Country Empirical Analysis[J]. Oxford Development Studies,2001,29(2).

[41] Dean Judith,Fung KC,Wang Zhi. How Vertically Specialized is Chinese Trade[J]. Ssrn Electronic Journal,2009(1).

[42] Dean Judith,Lovely Mary E. Trade Growth,Fragmentation,and China's Environment[C] // Feenstra Robert C., Wei Shang-Jin (eds.). China's Growing Role in the World. Chicago: University of Chicago Press,2010.

[43] Deardorff A V. Fragmentation in Simple Trade Models[J]. The North American Journal of Economics and Finance,2001,12(2).

[44] Dixit A K,Grossman G M. Trade Protection with Multistage Production [J]. Review of Economic Studies,1982,49(4).

[45] Ederington J,Minier J. Is Environmental Policy a Secondary Trade Barrier? An Empirical Analysis[J]. Canadian Journal of Economics, 2003,36(1).

[46] Edwards S. Openness,Productivity and Growth: What Do We Really Know? [J]. The economy Journal,1998(108).

[47] Egger H,Egger P. International Outsourcing and the Productivity of Low-skilled Labor in the EU[J]. Economic Inquiry,2006,44(1).

[48] Either W J. National and International Returns to Scale in the Modern Theory of International Trade[J]. American Economic Review, 1982 (72).

[49] Eliste P,Fredriksson PG. Environmental Regulations,Transfer and Trade: Theory and Evidence [J]. Journal of Economics and Management,2002(43).

[50] Ernst D,Kim L. Global Production Net-works, Knowledge Diffusion and Local Capability Formation[J]. Re-search Policy,special issue in honor of Richard Nelson and Sydney Winter,2002,31(8-9).

[51] Evenson R E,Westphal L E. Technological Change and Technology Strategy [M]. Srinivasan TN, Behrman J (eds). Handbook of Development Economics,Amster dam North-Holland,1995(13).

[52] Feenstra R,Kee HL. On the Measurement of Product Variety in Trade[J]. American Economic Review,2004(94).

[53] Feenstra RC,Hanson GH. Foreign Investment,Outsourcing, and Relative Wage[J]. National Bureau of Economic Research Working Paper,1995(5121).

[54] Feng Ling,Li Zhiyuan,Swenson Deborah L. The Connection between Intermediate Inputs and Exports:Evidence from Chinese Firms[J]. Law Disscussion Papers,2012.

[55] Fischer C,Party IWH,Pizer WA. Instrument Choice for Environmental Protection When Technological Innovation is Endogenous[J]. Journal of Environmental Economics and Management,2003(45).

[56] Francoise Lemoine, Deniz Unal-kesenci. Trade and Technology Transfer: a Comparative Study of Turky,India and China[J]. CEPII Working Paper No. 2003-16,2003.

[57] Frankel J A,Rose A K. Is Trade Good or Bad for the Environment? Sorting Out the Causality[J]. Review of Economics Statistics,2005, 87(1).

[58] Freeman C,Robertson A B, Achilladelis B G, et al. Success and failure in industrial innovation [R]. Report on Project SAPPHO,

Science Polity Reserch Unit, University of Sussex,1972.

[59] Geishecker I, Görg H. Winners and losers; a micro-level analysis of international outsourcing and wages [J]. Canadian Journal of Economics,2008,41(1).

[60] Gerschenkron A. Economic backwardness in historical perspective [J]. Economica,1965,18(2).

[61] Girma S,Gorg H. Outsourcing, Foreign Ownership,and Productivity: evidence from UK Establishment level Data[J]. Review of International Economics,2004,12(5).

[62] Glaeser EL, Kallal HD, Scheinkman JA, et al. Growth of Cities[J]. Journal of Political Economy,1992(100).

[63] Glass AJ, Saggi K. Innovation and Wage Effects of International Outsourcing[J]. European Economic Review,2001,45(1).

[64] Golosov Michael, Hassler John, Krussell Per, et al. Optimal Taxes on Fossil Fuel in General Equilibrium[J]. Economctrica,2014,82(1).

[65] Shadbegian R J,Gray W B. Pollution abatement expenditures and Plant Level productivity [J]. Ecological Economics,2005(42).

[66] Greaker M. Strategic Environmental Policy; Eco-dumping or A Green Strategy? [J]. Journal of Environmental Economics and Management, 2003(45).

[67] Grossman G M,Helpman E. Endogenous Product Cycles[J]. Economic Journal,1991a(101).

[68] Grossman G M,Helpman E. Innovation and Growth in the Global Economy[M]. Cambridge,MIT press,1991b.

[69] Grossman G M, Helpman E. Managerial Incentives and International Organization of Production[J]. Journal of International Economics, 2004,63(2).

[70] Grossman GM,Helpman E. Outsourcing in a Global Economy[J]. Review of economic studies,2005,72(1).

[71] Grossman GM,Rossi-Hansberg E. Trading Tasks:A Simple Theory of Offshoring[J]. American Economic Review 2008,98(5).

[72] Guan Jiancheng, Chen Kuaihua. Modeling the relative efficiency of national innovation systems[J]. Research Policy, 2012(41).

[73] Helm D, Smale R, Phillips J. Too good to be true? The UK's Climate Change Record [C]// European Journal of Law and Economics, 2007.

[74] Helpman E. A Simple Theory of International Trade with Multinational Corporations[J]. The Journal of Political Economy, 1984, 92(3).

[75] AlexanderH, Tomohiko I, Yasuyuki T. Does offshoring Pay? Firm-Level Evidence from Japan[J]. Economic Inquiry, 2010, 48(4).

[76] Hobday Mike. East Asian Latecomer Firms: Learning the Technology of Electronics[J]. World development, 1995, 23(7).

[77] Hollanders H, Celikel-Esser F. Measuring Innovation efficiency[R]. INNO Metrics report, Brussels European Commission, DG Enterprises, 2007.

[78] Horbach J. Determinants of Environmental Innovation—New Evidence from German Panel Data sources[J]. Research Policy, 2008(37).

[79] Hotelling H. Stability in Competition[J]. Economic Journal, 1929, 39(153).

[80] Hummels David, Ishii Jun, Yi Kei-Mu. The Nature and Growth of Vertical Specialization in World[J]. International Economics, 2001, 54(1).

[81] Hummels David, Rapoport Dana, Yi Kei-Mu. Vertical Specialization and the Changing Nature of World Trade[J]. Federal Reserve Bank of New York Economic Policy Review, 1998, 4(2).

[82] Humphrey J, Schmitz H. Globalized Location: Introduction[C]// Schmitzs H. Local Enterprise in the Global Economy. Cheltenam and Northampton: Edward Elgar, 2004.

[83] Ishii Jun, Yi Kei-Mu. The Growth of World Trade[J]. Research Paper, 1997, 111(1).

[84] Jaffe A B, Peterson S R, Portney P R. Environmental Regulation and The Competitiveness of U. S. Manufacturing: What Does The

Evidence Tell US? [J]. Journal of Economic literature, 1995, 33 (1).

[85] Jaffe A B, Newell R G. , Stavins RN. Environmental Policy and Technological Change[J]. Environmental and Resource Economics, 2002(22).

[86] Jaffe A B, Palmer K. Environmental Regulation and Innovation: A Panel Data Study[J]. Reviews of Economics and Statistics, 1997 (79).

[87] Janicke M, Binder M, Monch H. Dirty Industries: Patterns of Change in Industrial Countries[J]. Environmental and Resource Economics, 1997(9).

[88] Jones R W, Kierzkowsk H. A Framework for Fragmentation[M]// Ardnt S W, Kierzkowsk H. Fragmentation: New production patterns in world economy. Oxford, U K: Oxford University Press, 2001a.

[89] Jones R W, Kierzkowsk H. The role of service in production and international trade: A theoretical framework[M]// Jones R W, Krueger A O, Baldwin R E. The Political Economy of International Trade: Essays in Honor of Robert E. Baldwin. Cambridge, MA: Blackwe Press, 1990.

[90] Jones R W, Kierzkowski H. Horizontal Aspects of Vertical Fragmentation[M]// Cheng LK. , Kierzkowski H (eds). Global Production and Trade in East Asia. Boston, MA: Kluwer Academic Publishers Press, 2001b.

[91] Jones R W, Kierzkowski H. International Fragmentation and the New Economic Geography[J]. North American Journal of Economics and Finance, 2005, 16(1).

[92] Julio Sánchez-Chóliz, Rosa Duarte. CO_2 emissions embodied in international trade: evidence for Spain[J]. Energy Policy, 2004 (32).

[93] Kao Chiang. Efficiency decomposition in network data envelopment

analysis: A Relational model[J]. European Journal of Operational Research,2009(192).

[94] Kao,C. Spurious regression and residual-based tests for cointegration in panel datas[J]. Journal of Econometrics,1999(90).

[95] Kaplinsky R,Morris M. A Handbook for Value Chain Research[J]. International Development Research Centre. [http:// www. ids. ac. uk/ids/global/pdfs/vchnovol. PDF]kimani,P. M,2001.

[96] Keller W. How Trade Pattern and Technological Flows Affect Product Growth? [J]. Policy Research Working Paper,1997(14).

[97] Kemp R. Technology and Environmental Policy—innovation effects of past policies and suggestions for improvement [C]// OECD Proceedings:Innovation and the Environment,2000.

[98] Kennedy P. Innovation stochastique et coût de la réglementation environnementale[J]. L'Actualité économique,1994(70).

[99] Klenow P J. Is Asian growth good for the U. S. [J]. Paper presented at Stanford Institute for Economy Policy Research,2005 (95).

[100] Prud'Homme R,Kneese A V,Schultze C L. Pollution,Prices and Public Policy[J]. American Political Science Association,1978(2).

[101] Koopman R,Wang Zhi,Wei Shangjin. How Much of Chinese Exports is Really Made in China[C]. NBER Working Paper No. 14109,2008.

[102] Kotabe M. The Relationship Between Offshore Outsourcing and Innovativeness of US Multinational Firms: an Empirical Investigation [J]. Journal of international Business Studies,1990 (21).

[103] Krugman P. Scale Economies, Product Differentiate, and the Pattern of Trade[J]. American Economic Review,1980 (70).

[104] Lanjouw J O,Mody A. Innovation and the International Diffusion of Environmentally Responsive Technology Research Policy,1996 (25).

[105] Lanoie P,Patry M,Lajeunesse R. Environmental Regulation and Productivity: Testing the Porter Hypothesis [J]. Journal of

Productivity Analysis,2008,30(2).

[106] Taylor M S. Trade and Environment: Unmasking the Pollution Haven Hypothesis[J]. Department of the Environment,2004,37(10).

[107] Li Kui-Wai. China's Total Factor Productivity Estimates by Region, Investment Sources and Ownership[J]. Economic Systems,2009, 33 (3).

[108] Liza Jabbour,Jean-Louis Mucchielli. Technology Transfer through Backward Linkages: The Case of the Spanish Manufacturing Industry [J]. Cahiers Dela Maison Des Sciences Economiques,2004,X(I).

[109] Lucas REB, Wheeler D, Hettige H. Economic Development, Environmental Regulation and the International Migration of Toxic Industry Pollution: 1960-88 [J]. Policy Research Working Paper,1993.

[110] Majumdar SK,Marcus A. Do Environmental Regulations Retard Productivity? Evidence from US Electric Utilities [J]. Ssrn Electronic Journal,1998.

[111] Mani M, Wheeler D. In Search of Pollution Havens? Dirty Industry in the world Economy, 1960—1965[J]. Journal of Environment and Development,1998,7(3).

[112] Mansfield E,Schwartz M,Wagner S. Imitation Costs and Patents: An Empirical Study[J]. Economic Journal,1981,91(364).

[113] Marin D,Verdier T. Globalization and the Empowerment of Talent [J]. Centre for Economic Policy Research Discussion Paper,2003, 10(1).

[114] Markusen JR. Multinational,Multiplant Economics,and the Gains from the Trade[J]. Journal of International Economics,1984,16(3).

[115] Markusen JR. Trade in producer services and in other specialized intermediate inputs[J]. The American Economic Review,1989,70(1).

[116] Maskell P, Pedersen T, Petersen B, et al. Learning Paths to Offshore Outsourcing: from Cost Reduction to Knowledge Seeking.

Industry and Innovation[J]. 2007,14(3).

[117] McGuire M. Regulation, Factor Rewards, and International Trade [J]. Journal of Public Economics,1982,17(3).

[118] McLaren J. Globalization and Vertical Structure[J]. American Economic Review,2000,90(5).

[119] Mohr RD. Technical Change,External Economies,and the Porter Hypothesis[J]. Journal of Environmental Economics and Management, 2002(43).

[120] Mueser P. Identifying Technical Innovations[J]. IEEE Transactions on Engineering Management,1985(32).

[121] Murty MN,Kumar S. Win-win Opportunities and Environmental Regulation:Testing of Porter Hypothesis for India Manufacturing Industries[J]. Journal of Environmental Management,2003(67).

[122] National Science Foundation. Research and development in industry 1974[R]. NSF Report,1976.

[123] Nelson R. National Innovation Systems:A Comparative Analysis [M]. New York:Oxford University Press,1993.

[124] Nordhaus WD. Managing the Global Commons:the Economics of Climate Changes[M]. Cambridge:MIT Press,1994.

[125] Palmer K, Oates WE, Portney PR. Tightening Environmental Regulation Standard:The Benefit-Cost or The No-Cost Paradigm? [J]. Journal of Economic Perceptivities,1995,9(4).

[126] Pethig R. Pollution,Welfare and Environmental Policy in the Theory of Comparative Advantage[J]. Journal of Environmental Economics and Management,1976,2(3).

[127] Pigou AC. The Economics of Welfare[M]. London: Macmillan Press,1932.

[128] Porter ME,Van der Linde C. Toward a new conception of environment—Competiveness Relationship[J]. Journal of Economic Perspectives, 1995, 9(4).

[129] Porter ME. America's Green Strategy[J]. Scientific American,

1991(4).

[130] Ricci F. Environmental policy and growth when inputs are differentiated in pollution intensity[J]. FEEM Working Paper No. 16,2000.

[131] Romer PM. Endogenous Technological Change[J]. Journal of Political Economy,1990,98(5).

[132] Romer PM. The Origins of Endogenous Growth[J]. Journal of Economic Perspectives,1994,8(1).

[133] Rosendahl KE. Does Improved Environmental Policy Enhanced Economic Growth? [J]. Environmental and Resource Economics, 1996(9).

[134] Rubio SJ,Aznar J. Sustainable Growth and Environmental Policies [J]. Ssrn Electronic Journal,1999.

[135] Sanyal KK,Jones RW. The Theory of Trade in Middle Products [J]. The American Economic Review,1982,72(1).

[136] Sartzetakis E S, Constantatos C. Environmental Regulation and International Trade[J]. Journal of Regulatory,1995(8).

[137] Schumpeter JA. The Theory of Economic Development [M]. Cambridge, MA: Harvard University Press,1934.

[138] Shadbegian R J,Gray W B. Pollution Abatement Expenditures and Plant-level Productivity: A Production Function Approach [J]. Ecological Economics,2005(54).

[139] Siebert H. Environmental Quality and the Gains from Trade[J]. Kyklos,1977,30(4).

[140] Siebert H. Spatial Aspect of Environmental Economics [M]// Kneese A,Sweeney J. Handbook of Natural Resource and Energy Economics. NY:North-Holland Press,1985.

[141] Silver M. Enterprise and the scope of the firm: The role of vertical integration[M]. Martin Roberston,Oxford,1984.

[142] Simpson R D,Bradford R L. Taxing Variable Cost: Environmental Regulation as Industrial Policy [J]. Journal of Environmental Economics and Management,1996,30(3).

[143] Sinclair-Desgagné B. Remarks on environmental regulation, firm behavior and innovation[J]. CIRANO Working Papers ,1999,2(6).

[144] Smulders S. Environmental Policy and Sustainable Economic Growth [J]. De Economist,1995,143(2).

[145] Sobel M E. Asymptotic Confidence Intervals for Indirect Effects in Structural Equation Models[J]. Sociological Methodology,1982, 13(1).

[146] Spencer BJ. International Outsourcing and Incomplete Contracts [J]. Canadian Journal of Economics/Revue canadienne d'économique, 2005,38(4).

[147] Srholec M. High-tech Exports from Developing Countries:A symptom of Technology Spurts or Statistical Illusion? [J]. Review of World Economics, 2007,143(2).

[148] Tobey J. The Effects of Domestic Environmental Policies on Patterns of World Trade:An Empirical Test[J]. Kyklos,1990,43(2).

[149] Tone K,Tsutsui M. Network DEA:A Slack-based Measure Approach [J]. European Journal of Operational Research,2009,197(1).

[150] Tone K. Dealing with Undesirable Output in DEA: A Slacks-based Measure (SBM) Approach[J]. GRIPS Research Report, 2003.

[151] Wang Zhi, Wei Shangjin. The Rising Sophistication in China's exports:Assessing the roles of processing Trade,Foreign Invested Firms,Human Capital and Government Policies[J]. Working Paper for the NBER Conference on the Evolving of China in the World Trade,2007.

[152] Wang zhi,Wei ShangJin. What Accounts for the Rising Sophistication of China's Exports [M]. LNC: National Bureau of Economic Research Press,2010.

[153] Wen M. Relocation and Agglomeration of Chinese Industry[J]. Journal of Development Economics,2004,73(1).

[154] Wilcoxen P. Environmental Regulation and Investment in manufacturing [D]. University of Texas at Austin,1998.

[155] Xepapadeas A, Zeeuw AD. Environmental Policy and Competitiveness: The Porter Hypothesis and the Composition of Capital[J]. Journal of Environmental Economics and Management, 1999(37).

[156] Xu X, Song L. Regional cooperation and the Environment: Do "dirty" Industries Migrate[J]. Weltwirtschaftliches Archiv, 2000, 136(1).

[157] Yi, 2003. Can Vertical Specialization Explain the Growth of World Trade? [J]. Journal of Political Economy, 2003, 111(1).

[158] 安同良,施浩,ALCORTAL. 中国制造业企业 R&D 行为模式的观测与实证——基于江苏省制造业企业问卷调查的实证分析[J]. 经济研究,2006(2).

[159] 白俊红,江可申,李婧. 应用随机前沿模型评测中国区域研发创新效率[J]. 管理世界,2009(10).

[160] 白俊红. 企业规模、市场结构与创新效率——来自高技术产业的经验证据[J]. 中国经济问题,2011(5).

[161] 北京大学中国经济研究中心课题组. 中国出口贸易中的垂直专门化与中美贸易[J]. 世界经济,2006(5).

[162] 柴俊武,万迪昉. 企业规模与 R&D 投入强度关系的实证分析[J]. 科学学研究,2003(2).

[163] 陈凯华,官建成. 共享投入型关联两阶段生产系统的网络 DEA 效率测度与分解[J]. 系统工程理论与实践,2011(7).

[164] 陈龙来. FDI、中间品贸易对我国环境污染影响的实证研究[J]. 兰州学刊,2010(4).

[165] 陈诗一. 能源消耗、二氧化碳排放与中国工业的可持续发展[J]. 经济研究,2009(4).

[166] 陈诗一. 节能减排、结构调整与工业发展方式转变研究[M]. 北京:北京大学出版社,2010.

[167] 陈诗一. 节能减排与中国工业的双赢发展:2009—2049[J]. 经济研究,2010(4).

[168] 陈钊,徐彤. 走向"为和谐而竞争":晋升锦标赛下的中央和地方治理模式变迁[J]. 世界经济,2011(9).

[169] 池仁勇. 企业技术创新效率及其影响因素研究[J]. 数量经济技术经济研究,2003(6).

[170] 戴西超,谢守祥,丁玉梅. 企业规模、所有制与技术创新[J]. 软科学,2006(6).

[171] 董敏杰,梁泳梅,李钢. 环境规制对中国出口竞争力的影响[J]. 中国工业经济,2011(3).

[172] 董敏杰. 环境规制对中国产业国际竞争力的影响[D]. 北京:中国社会科学院,2011.

[173] 段会娟. 集聚、知识溢出类型与区域创新效率——基于省级动态面板数据的 GMM 方法[J]. 科技进步与对策,2011(19).

[174] 樊纲等. 中国市场化指数:各地区市场化相对进程 2011 年报告[M]. 北京:经济科学出版社,2011.

[175] 樊华,周德群. 中国省域科技创新效率演化及其影响因素研究[J]. 科研管理,2012(1).

[176] 冯根福,刘军虎,徐志霖. 中国工业部门研发效率及其影响因素实证分析[J]. 中国工业经济,2006(11).

[177] 冯宗宪,王青,侯晓辉. 政府投入、市场化程度与中国工业企业的技术创新效率[J]. 数量经济技术研究,2011(4).

[178] 傅家骥. 技术创新学[M]. 北京:清华大学出版社,1998.

[179] 傅京燕. 环境规制与产业国际竞争力[M]. 北京:经济科学出版社,2006.

[180] 傅京燕,李丽莎. 环境规制、要素禀赋与产业国际竞争力的实证研究[J]. 管理世界,2010(10).

[181] 胡昭玲. 国际垂直专业化分工与贸易:研究综述[J]. 南开经济研究,2006(5).

[182] 胡剑锋,朱剑秋. 水污染治理及其政策工具的有效性[J]. 管理世界,2008(5).

[183] 黄德春,刘志彪. 环境规制与企业自主创新——基于波特假设的企业竞争优势构建[J]. 中国工业经济,2006(3).

[184] 黄鲁成,张红彩. 北京制造业行业的技术创新效率评价[J]. 研究与发展管理,2006(3).

[185] 黄延聪. 跨国代工联盟中产品开发知识取得与能力发展[D]. 台北：台湾大学，2002.

[186] 江珂，卢现祥. 环境规制与技术创新——基于中国1997—2007年省际面板数据分析[J]. 科研管理，2011(7).

[187] 江珂. 环境规制对中国技术创新能力影响及区域差异分析——基于中国1995—2007年省际面板数据分析[J]. 中国科技论坛，2009(10).

[188] 金祥荣，余冬筠. 创新效率、产业特征与区域经济增长[J]. 浙江大学学报(人文社科版)，2010(9).

[189] 李宾. 国内研发阻碍了我国全要素生产率的提高吗？[J]. 科学学研究，2010(7).

[190] 李玲，陶锋. 污染密集型产业的绿色全要素生产率及其影响因素[J]. 经济学家，2011(12).

[191] 李玲，陶锋. 中国制造业最优环境规制强度的选择——基于绿色全要素生产率视角[J]. 中国工业经济，2012(5).

[192] 李平，崔喜君，刘健. 中国自主创新中研发资本投入产出绩效分析[J]. 中国社会科学，2007(2).

[193] 李双杰，王海燕，刘韧. 基于DEA模型的制造业技术创新资源配置效率分析[J]. 工业技术经济，2006(3).

[194] 李习保. 区域创新环境对创新活动效率影响的实证研究[J]. 数量经济技术经济研究，2007(8).

[195] 李小平，朱钟棣. 国际贸易、R&D溢出和生产率增长[J]. 经济研究，2006 (2).

[196] 李小平，卢现祥，朱钟棣. 国际贸易、技术进步和中国工业行业的生产率增长[J]. 经济学季刊，2008(1).

[197] 李小平. 国际贸易中隐含的CO_2测算——基于垂直专业化分工的环境投入产出模型分析[J]. 财贸经济，2010(5).

[198] 北京师范大学科学发展观与经济可持续发展研究基地，西南财经大学绿色经济与经济可持续发展研究基地，国家统计局中国经济景气监测中心. 2010中国绿色发展指数年度报告：省际比较[M]. 北京：北京师范大学出版社，2010.

[199] 李宇,安玉兴. 多元互构下技术创新与企业规模的互动演化研究[J]. 科学学研究,2008(12).

[200] 李元旭,谭云清. 国际服务外包下接包企业技术创新能力提升路径——基于外溢效应和吸收能力视角[J]. 中国工业经济,2010(12).

[201] 刘海云,唐玲. 国际外包的生产率效应及行业差异——基于中国工业行业的经验研究[J]. 中国工业经济,2009(8).

[202] 刘婧. 我国加工贸易与环境污染的因果关系检验[J]. 国际贸易问题,2009(8).

[203] 刘伟丽. 国际贸易中的产品质量问题研究[J]. 国际贸易问题,2011(5).

[204] 刘志彪,江静. 长三角制造业向产业链高端攀升路径与机制[M]. 北京:经济科学出版社,2009.

[205] 刘志彪,吴福象. 贸易一体化与生产非一体化——基于经济全球化两个重要假说的实证研究[J]. 中国社会科学,2006(2).

[206] 卢锋. 产品内分工:一个分析框架[C]. 北京大学中国经济研究中心讨论稿系列,No. C2004005,2004.

[207] 马士国. 基于市场的环境规制工具研究述评[J]. 经济社会体制比较,2009(2).

[208] 孟祺. 垂直专业化对内资企业有技术溢出效应吗? [J]. 科研管理,2010(4).

[209] 孟源,郑义. FDI、"资本深化"与工业污染排放实证研究[J]. 商业经济与管理,2012(9).

[210] 牛海霞,罗希晨. 我国加工贸易污染排放实证分析[J]. 国际贸易问题,2009(2).

[211] 潘士远,林毅夫. 发展战略、知识吸收能力与经济收敛[J]. 数量经济技术经济研究,2006(2).

[212] 庞瑞芝,李鹏,李嫣怡. 网络视角下中国各地区创新过程效率研究:基于我国八大经济区的比较[J]. 当代经济科学,2010(6).

[213] 庞瑞芝,李鹏. 中国工业创新:过程、效率与模式——基于2001—2008年大中型工业企业的数据[J]. 产业经济研究,2011(2).

[214] 彭海珍. 环境管制对环境创新国际扩散的影响机制研究[J]. 科技进步与对策,2009(8).

[215] 彭水军,刘安平. 中国对外贸易的环境影响效应[J]. 世界经济,2010(5).

[216] 彭向,蒋传海. 产业集聚、知识溢出与地区创新——中国工业行业的实证检验[J]. 经济学季刊,2011(4).

[217] 钱学锋,陈勇兵. 国际分散化生产导致了集聚吗:基于中国省级动态面板数据 GMM 方法[J]. 世界经济,2009(12).

[218] 丘斌,杨帅,辛培江. FDI 技术溢出渠道与中国生产率增长研究:基于面板数据的分析[J]. 世界经济,2008(8).

[219] 丘兆逸. 国际垂直专业化中污染工序转移研究[J]. 国际贸易问题,2012(4).

[220] 屈小娥. 考虑环境约束下的中国省级全要素生产率再估算[J]. 产业经济研究,2012(1).

[221] 沈能,刘凤朝. 高强度的环境规制真能促进技术创新吗?——基于"波特假说"的再检验[J]. 中国软科学,2012(4).

[222] 盛斌,马涛. 中国工业部门垂直专业化与国内技术含量的关系研究[J]. 世界经济研究,2008(8).

[223] 盛斌. 中国对外贸易政策的政治经济分析[M]. 上海:上海人民出版社,2002.

[224] 史修松,赵曙东,吴福象. 中国区域创新效率及其空间差异研究[J]. 数量经济技术经济研究,2009(3).

[225] 石磊,刘伟明. "腾笼换鸟"和"承接转移"相互矛盾吗[J]. 经济学家,2012(5).

[226] 孙文杰,沈坤荣. 人力资本积累与中国制造业技术创新效率的差异性[J]. 中国工业经济,2009(3).

[227] 唐玲. 国际外包率的测量及行业差异性[J]. 国际贸易问题,2009(8).

[228] 陶锋,李诗田. 全球价值链代工过程中的产品开发知识溢出和学习效应——基于东莞电子信息制造业的实证研究[J]. 管理世界,2008(1).

[229] 万建香. 环境政策促进经济发展的作用机理分析——基于环境污染的溢出效应[J]. 经济经纬,2010(5).

[230] 万建香. 环境政策规制对江西重点调查产业的双赢绩效分析[J]. 江西社会科学,2011(10).

[231] 汪彩君,唐根年. 长三角洲地区制造业空间集聚、生产要素拥挤与集聚适度识别研究[J]. 统计研究,2011(2).

[232] 王兵,王丽. 环境约束下中国区域工业技术效率与生产率及其影响因素实证研究[J]. 南方经济,2010(11).

[233] 王兵,吴延瑞,颜鹏飞. 环境规制与全要素生产率增长:APEC的实证研究[J]. 经济研究,2008(5).

[234] 王红领,李稻葵,冯俊新. FDI与自主研发:基于行业数据的经验研究[J]. 经济研究,2006(2).

[235] 王俊,刘东. 摆脱代工企业创新困境的社会网络论分析——基于温州打火机产业的案例研究[J]. 商业经济与管理,2010(5).

[236] 王俊豪,李云雁. 民营企业应对环境管制的战略导向与创新行为[J]. 中国工业经济,2009(9).

[237] 唐波. 垂直专业化贸易如何影响了中国的就业结构[J]. 经济研究,2012(8).

[238] 王丽英. 市场化程度与区域经济增长的实证研究——基于省际面板数据的分析[J]. 经济体制改革,2010(2).

[239] 魏玮,毕超. 环境规制、区际产业转移与污染避难所效应——基于省级面板 Piosson 模型的实证分析[J]. 山西财经大学学报,2011(8).

[240] 文东伟,冼国明. 中国制造业的垂直专业化与出口增长[J]. 经济学季刊,2010(2).

[241] 巫强,刘志彪. 进口国质量管制条件下的出口国企业创新与产业升级[J]. 管理世界,2007(2).

[242] 巫强,刘志彪. 中国沿海地区出口奇迹的发生机制分析[J]. 经济研究,2009(6).

[243] 吴军,笪凤媛,张建华. 环境管制与中国区域生产率增长[J]. 统计研究,2010(1).

[244] 吴晓波，刘雪峰，胡松翠. 全球制造网络中本地企业知识获取实证研究[J]. 科学学研究，2007(6).
[245] 吴延兵. 用DEA方法评测知识生产中的技术效率与技术进步[J]. 数量经济技术经济研究，2008(7).
[246] 吴延兵. 中国地区工业知识生产效率测算[J]. 财经研究，2008(10).
[247] 西村清彦，中岛隆信，清田耕造. 在失去的20世纪90年代、日本产业发生了什么？——企业的进入和退出与全要素生产率[J]. RIETI Discussion Paper Series No. 03-J-002，2003.
[248] 项保华，许庆瑞. 试论制订技术创新政策的理论基础[J]. 数量经济技术经济研究，1989 (7).
[249] 项本武. 中国工业行业技术创新效率研究[J]. 科研管理，2011(1).
[250] 肖文，殷宝庆. 垂直专业化的技术进步效应[J]. 科学学研究，2011(3).
[251] 肖文，周明海. 贸易模式转变与劳动收入份额下降[J]. 浙江大学学报(人文社会科学版)，2010(5).
[252] 肖兴志. 中国战略性新兴产业发展研究[M]. 北京：科学出版社，2011.
[253] 黄永明，张文洁. 中国出口复杂度的测度与影响因素分析[J]. 世界经济研究，2011 (12).
[254] 谢小凤，吴可嘉、许艳艳. 全球化背景下我国本土企业自主创新路径——基于浙江的实证研究[J]. 工业技术经济，2010(5).
[255] 熊鹰，徐翔. 政府环境监管与企业污染治理的博弈分析及对策研究[J]. 云南社会科学，2007(4).
[256] 徐康宁，王剑. 要素禀赋、地理因素与新国际分工[J]. 中国社会科学，2006(11).
[257] 徐毅、张二震. FDI、外包与技术创新：基于投入产出表数据的经验研究[J]. 世界经济，2009(8).
[258] 许庆瑞，王伟强，吕燕. 中国企业环境技术创新研究[J]. 中国软科学，1995(5).
[259] 姚洋，张晔. 中国出口品国内技术含量升级的动态研究——来自全

国及江苏省、广东省的证据[J]. 中国社会科学,2008(2).
[260] 姚洋,章奇. 中国工业企业技术效率分析[J]. 经济研究,2001(10).
[261] 叶祥松,彭良燕. 我国环境规制下的规制效率与全要素生产率研究:1999—2008[J]. 财贸经济,2011(2).
[262] 殷宝庆. 环境规制与我国制造业绿色全要素生产率[J]. 中国人口·资源与环境,2012a(12).
[263] 殷宝庆. 论国际垂直专业化分工的工资效应[J]. 企业经济,2012b(4).
[264] 于明超,申俊喜. 区域异质性与创新效率——基于随机前沿模型的分析[J]. 中国软科学,2010(11).
[265] 于永达,吕冰洋. 中国生产率争论:方法的局限性和结论的不确定性[J]. 清华大学学报(哲学社会科学版),2010(3).
[266] 岳书敬,刘朝明. 人力资本与区域全要素生产率分析[J]. 经济研究,2006(4).
[267] 岳书敬. 知识产权保护与发展中国家创新能力提升[J]. 财经科学,2011(5).
[268] 张成,陆旸,郭路,等. 环境规制强度和生产技术进步[J]. 经济研究,2011(2).
[269] 张成,于同申,郭路. 环境规制影响了中国工业的生产率吗——基于DEA与协整分析的实证检验[J]. 经济理论与经济管理,2010(3).
[270] 张成,于同申. 环境规制会影响产业集中度吗?[J]. 中国人口·资源与环境,2012(3).
[271] 张国胜. 全球代工体系下的产业升级研究——基于本土市场规模的视角[J]. 产经评论,2010(1).
[272] 张红凤,张细松. 环境规制理论研究[M]. 北京:北京大学出版社,2012.
[273] 张杰,刘志彪,郑江淮. 中国制造业企业创新活动的关键影响因素研究[J]. 管理世界,2007(6).
[274] 张杰,刘志彪,郑江淮. 产业链定位、分工与集聚如何影响企业创新——基于江苏省制造企业问卷调查的实证研究[J]. 中国工业经济,2007(7).
[275] 张建忠,刘志彪. 知识产权保护与"赶超陷阱"[J]. 中国工业经济,

2011(6).

[276] 张其仔,郭朝天,孙天法. 中国工业污染防治的制度性缺陷及其纠正[J]. 中国工业经济,2006(8).

[277] 张三峰,卜茂亮. 环境规制、环保投入与中国企业生产率——基于中国企业问卷数据的实证研究[J]. 南开经济研究,2011(2).

[278] 张夏、胡益鸣. 环境管制与中国省际技术进步——基于 Malmquist—Luenberger 指数研究[J]. 宁夏大学学报,2010(9).

[279] 张小蒂、孙景蔚. 基于垂直专业化分工的中国产业国际竞争力分析[J]. 世界经济,2006(5).

[280] 张学刚. FDI 影响环境的机理与效应[J]. 国际贸易问题,2011(6).

[281] 张晔,梅丽霞. 网络嵌入、FDI 主导型集群与本土企业发展——以苏州地区自行车集群为例[J]. 中国工业经济,2008(2).

[282] 张中元,赵国庆. 环境规制对 FDI 溢出效应的影响[J]. 经济理论与经济管理,2012(2).

[283] 张宗益,张莹. 创新环境与区域技术创新效率的实证研究[J]. 软科学,2008(12).

[284] 张宗益,周勇,钱灿,等. 基于 SFA 模型的我国区域技术创新效率的实证研究[J]. 软科学,2006(2).

[285] 赵红. 环境规制对中国产业绩效影响的实证研究[M]. 北京:经济科学出版社,2011.

[286] 赵红. 环境规制对中国企业技术创新影响的实证分析[J]. 管理现代化,2008(3).

[287] 赵伟,张萃. 市场一体化与中国制造业区域集聚变化趋势研究[J]. 数量技术与经济研究,2009(2).

[288] 赵玉民,朱方明,贺立龙. 环境规制的界定、分类与演进研究[J]. 中国人口·资源与环境,2009(6).

[289] 周华,崔秋勇,郑雪姣. 基于企业技术创新激励的环境工具的最优选择[J]. 科学学研究,2011(9).

[290] 周勤,周绍东. 产品内分工与产品构建陷阱:中国本土企业的困境与对策[J]. 中国工业经济,2009(8).

[291] 朱承亮,师萍,岳宏志. FDI、人力资本及其结构与研发创新效率

[J]. 科学学与科学技术管理,2011(9).

[292] 朱有为,徐康宁. 中国高技术产业研发效率的实证研究[J]. 中国工业经济,2006(11).

[293] 卓越,张珉. 全球价值链中的收益分配与“悲惨增长”:基于中国纺织服装业的分析[J]. 中国工业经济,2008(7).

[294] 赵红. 环境规制的成本收益分析——美国的经验与启示[J]. 山东经济,2006(3).

致　谢

本书是我在博士论文的基础上修改而成的，由浙江省自然科学基金项目(LY17G03009)、浙江省哲学社会科学规划项目(16NDJC225YB)、教育部人文社会科学规划基金项目(16YJA790060)资助出版。在该书即将付梓之际，回首四年来在浙江大学的学习，一切都历历在目。这些收获无疑将化为我今后人生发展的重要元素和动力。在此，我愿意将最诚挚的谢意和祝愿献给曾经给予我关心、帮助和支持的老师、同学、朋友。

回首这些年在浙江大学的学习与生活，我感慨颇多。而立之年重新跨入校园，从没有多少经济学基础到逐渐感受到经济学之深邃的求学历程之中，我得到了诸多老师、同学、朋友和亲人的帮助，没有他们的鼓励、帮助和关心，本书不可能顺利完成，在此向他们表示衷心的感谢。

首先，要感谢我的导师肖文教授，能成为她的博士生是我的幸运。肖老师学识渊博，思维睿智、治学严谨而又独具宽容秉性。肖老师“授人以渔”的培养思路给予我对经济科学进行探险的勇气，给予我面对学业困难时莫大的鼓励。每每在课程学习、课题研究和论文写作中遇到难题时，导师都自始至终给予耐心、细致的解答，并高屋建瓴指明下一步我应该努力的方向。在攻读博士学位近五年的时间里，肖老师不仅悉心指导我应该如何去做学问，更重要的是同时指导了我应该如何去做人。

其次，我要感谢浙江大学经济学院的张小蒂教授、宋玉华教授、黄先海教授、顾国达教授、赵伟教授、马述忠教授、潘士远教授、严建苗教授、王义中副教授给予的无私帮助与指导；感谢浙江工商大学经济学院孙敬水教授、马淑琴教授在学术研究上的启发与帮助；感谢我所在单位浙江经济职业技术学院俞步松书记、陈丽能校长在工作与学习上给予的关心与帮助；感谢物流技术分院的王自勤院长、罗振华书记给本人的科研工作提供的诸多便利。在此,向各位老师与领导致以崇高的敬意。

再次,我要感谢“肖家帮”的谢文武、周明海、林高榜、王平、唐兆希、孙艳香、樊文静、刘莉云、周君芝、姜建刚、潘家栋、韩沈超、韦星、汪滢、范颖、李晓霞、罗浩等同门好友;感谢我2013届博士班的全体同学;感谢陈晓华、谢慧明、张日波、周杰、方浩、莫申生、赵金亮、李华、曾绍龙、方园、夏晴、许为等博士同学,同他们的探讨、交流为本书提供了许多灵感与思路,也为我博士求学生涯增添了许多愉悦、美好的记忆。

最后,我还要感谢爱人颜青女士对我在学业上的无私支持,我攻读博士学位的求学旅程伴随着女儿殷悦的出生与成长,她乖巧懂事,给我略显枯燥的学术研究平添了许多乐趣,在此也一并祝她健康、快乐成长。

在本书写作过程中,参阅、借鉴了很多学者、专家的研究成果,在此表示感谢。由于水平和能力的限制,本书虽几经修改,但仍有许多不足之处,恳请学者、专家给予批评指导。

般宝庆

2016年10月于杭州钱塘江畔